●丛书主编 庆振轩

故事里的文学经典

清文

刘顺 编著

兰州大学出版社

图书在版编目（CIP）数据

故事里的文学经典. 清文 / 刘顺编著. -- 兰州 : 兰州大学出版社, 2014.7
ISBN 978-7-311-04502-9

Ⅰ. ①故… Ⅱ. ①刘… Ⅲ. ①古典散文－文学欣赏－中国－清代 Ⅳ. ①I206.2

中国版本图书馆CIP数据核字(2014)第158299号

策划编辑 张　仁
责任编辑 张　仁　余芬芬
装帧设计 张友乾

书　　名 故事里的文学经典　清文
作　　者 刘　顺　编著
出版发行 兰州大学出版社　(地址:兰州市天水南路222号　730000)
电　　话 0931-8912613(总编办公室)　0931-8617156(营销中心)
　　　　 0931-8914298(读者服务部)
网　　址 http://www.onbook.com.cn
电子信箱 press@lzu.edu.cn
印　　刷 兰州德辉印刷有限责任公司
开　　本 710 mm×1020 mm　1/16
印　　张 10.25
字　　数 155千
版　　次 2014年7月第1版
印　　次 2014年7月第1次印刷
书　　号 ISBN 978-7-311-04502-9
定　　价 21.00元

学海无涯乐作舟

——“故事里的文学经典”系列序言

北宋文坛领袖欧阳修曾说：

立身以求学为先，求学以读书为要。

欧阳修是一位政治家、思想家、改革家，也是一位教育家，他认为人生如果要有一番作为，就要努力求学读书。千余年过去，时至今日，立志向学，勤奋读书，教育强国，已经形成社会共识。然而读什么书，如何读书，依然是许多人困惑和思考的问题。

人们常说“开卷有益”，又说“好书不厌百回读”，所谓的好书、有益的书，应该指的是经典作家的经典作品。何谓经典？瑞士作家赫尔曼·黑塞在《获得教养的途径》中认为，经典作品是“我正在重读”，而不是“我正在读”的书。人文学科都有各自的经典作家和经典作品，诸如“哲学经典”、“史学经典”、“文学经典”等等。范仲淹曾经说过：“劝学之要，莫尚宗经。宗经则道大，道大则才大，才大则功大。”（《上时相议制举书》）儒家把《诗经》、《尚书》、《仪礼》、《乐经》、《周易》、《春秋》尊为“六经”，文人学士研修经典的目的是为了经世致用，“六经之旨不同，而其道同归于用”。“故深于《易》者长于变，深于《书》者长于治，深于《诗》者长于风，深于《春秋》者长于断，深于《礼》者长于制，深于《乐》者长于性。”（陈舜俞《说用》）范仲淹与其再传弟子陈舜俞都是从造就经邦济世的通才、大才的角度论述儒家经典的。但古人研读经典，由于身份不同、目的不同，取径也不尽相同。郭绍虞在《中国文学批评史》中指出：“古文家、道学家和政治家一样的宗经，但是古文家于经中求其文，道学家于经中求其道，而政治家则于经中求其用。”

就文学经典而言，文学经典指的是具有深厚的人文意蕴和永恒的艺术价值，为一代又一代读者反复阅读、欣赏、接受和传承，能够体现民族审美风尚和美学精神，具有广阔的阐释空间和当代存在性，能不断与读者对话，并带来新的发展，让读者在静观默想中充分体现主体价值的典范性权威性文学作品。“经也者，恒久之至道，不刊之鸿论。”（刘勰《文心雕龙·宗经》）

由于经典之作要经历时间和读者的检验，所以经典作家、经典作品经典化的过程会给我们一些有益的启示：读者和作家一起赋予了经典文学的经典含义。即就宋词而言，词体始于隋末唐初，发展于晚唐五代，极盛于两宋。但在宋代，词乃小道，不登大雅之堂，终宋一代，宋词从未取得与诗文同等的地位。欧阳修在《归田录》中曾记载：

> 钱思公（惟演）虽生长富贵，而少所嗜好。在西洛时，尝语僚属言：平生唯好读书，坐则读经史，卧则读小说，上厕则读小词。盖未尝顷刻释卷也。

虽然欧阳修之意在赞扬钱惟演好读书，但言及词则曰“小词”，且小词乃上厕所所读，则其地位可知。即就宋代词坛之大家如苏轼，在被贬黄州时，为避谤避祸，开始大量作词；辛弃疾于痛戒作诗之时从未中断写词的事实，也可略知其中信息。直至后世的读者研究者，越来越感知和发现了词体的独特的魅力——“词之为体，要眇宜修，能言诗之所不能言，而不能尽言诗之所能言。诗之境阔，词之言长”（王国维《人间词话》），才把词坛之苏辛，视如诗坛之李杜，赋予了宋词与唐诗相提并论的地位。

其他文体中如元杂剧之《西厢记》、章回小说之《水浒传》，也曾被封建卫道士视为“诲盗诲淫”之洪水猛兽而遭到禁毁，但名著本身的价值、读者的喜爱和历史的检验，奠定了它们经典之作的地位。

在一些经典作品经典化的过程中，读者甚至参与了经典作品的创作。李白的《静夜思》就是一个典型的个例。从文献学的角度看，宋代刊行的《李太白文集》、《李翰林集》中《静夜思》的原貌为：

床前看月光，疑是地上霜。
举头望山月，低头思故乡。

当代著名学者瞿蜕园、朱金城、安旗、詹瑛所撰编年校注、汇释集评本《李太白集》也全依宋本。但从明代开始，一些唐诗的编选者（读者）开始改变了《静夜思》的字句，形成了流行今日的李白的《静夜思》：

床前明月光，疑是地上霜。
举头望明月，低头思故乡。

所以，经过了历史长河的淘洗和历代无数读者检验而存留至今的中华文明宝库中的经典文学作品，是中华民族精神智慧的结晶。那么，在大力弘扬与传承优秀传统文化的今天，我们应该怎样学习阅读自《诗经》、《楚辞》以来的文学经典？古人的一些经典之作和经典性论述可以为我们借鉴。

横看成岭侧成峰，远近高低各不同。
不识庐山真面目，只缘身在此山中。

这是苏轼在元丰七年四月，自九江往游庐山，在山中游赏十余日之后所写的《题西林壁》诗。一生好为名山游的苏轼，在畅游庐山的过程中，庐山奇秀幽美的胜景，让诗人应接不暇。苏轼于游赏中惊叹、错愕，领略了前所未有的超出想象的陌生的美感。初入庐山，庐山突兀高傲，“青山若无素，偃蹇不相亲。要识庐山面，他年是故人。”移步换景，处处仙境，诗人喜出望外，“自昔忆清赏，初将杳霭间。如今不是梦，真个在庐山！”庐山幽胜美不胜收，于是诗人在《题西林壁》这首由游山而感悟人生的诗作中，寄寓了发人深思的理趣。苏轼之后，人们从不同的角度解读诗作给予人们的启悟。王国维《人间词话》中说：

> 诗人对于宇宙人生，须入乎其内，又须出乎其外。入乎其内，故能写之；出乎其外，故能观之。入乎其内，故有生气；出乎其外，故有高致。

而苏轼的《题西林壁》正是诗人对于人生对于庐山既入乎其内，又出乎其外的带有特有的东坡印记的智慧之作。古往今来，向往庐山，畅游庐山的游人难以数计，而神奇的庐山给予游人的感触各有不同，何以如此呢？因为万千游客，虽同游庐山，但经历不同，观赏角度有别，学识高下不一，游赏目的异趣，他们都领略的是各自心目中的庐山，诚所谓“横看成岭侧成峰，远近高低各不同”。也正如钱钟书《谈艺录》中所说："盖任何景物，横侧看皆五光十色；任何情怀，反复说皆千头万绪。非笔墨所易详尽。"所以，换个角度看世界，世界会更加丰富多彩；换个角度看人生，现实人生就会更具魅力；换个角度读经典，你会拥有你自己的经典，经典会更加经典。

千江有水千江月，千江水月各不同。古今中外的许多经典作家正是以独特的眼光观察大千世界，以独到的思维角度思考人生，以生花妙笔写人叙事，绘景抒情，继往开来，推陈出新，创造出一部部永恒的经典。"不畏浮云遮望眼，只缘身在最高层。"经典之所以为经典，其要因之一就是经典作家能够站在时代的制高点上，眼光独到，视点独特，思想深邃，能发前人之所未发。即以被称为"拗相公"的王安石为例，作为勇于改革的政治家，思想深刻的思想家，他的诗、文、词创作都具有鲜明的个性特色。四川大学中文系古典文学教研室选注的《宋文选·前言》中说：

> 王安石的文章大都是表现他的思想见解，为变法的政治斗争服务的，思想进步故识见高超，态度坚决故议论决断。其总的特色是在曲折畅达中气雄词峻。议论文字，无论长篇短说，都结构谨严，析理透辟，概括性强，准确处斩钉截铁，不可移易。

这一段话是评价王安石散文风格的，用来概括他的诗词特色也颇为恰切。王安石由于个性独特，识见高超，所以喜欢做翻案文章。他的这一类作品不是为翻案而翻案，而是确有独到深刻的见解，其《读史》、《商鞅》、《贾生》、《乌江亭》、《明妃曲》均是如此。即以其《贾生》而言，司马迁《史记》有《屈原贾生列传》，对贾谊的同情叹惋之意已在其中。李商隐因自己人生失意，对贾谊抑郁失意更为关注，其《贾生》诗曰：

宣室求贤访逐臣，贾生才调更无伦。
可怜夜半虚前席，不问苍生问鬼神。

这首咏史诗在切入点的选取上颇为独到，在对贾谊遭际的咏叹抒写之中，蕴含着深沉的政治感慨和人生伤叹，而这种感慨自伤情怀颇能引起后世怀才不遇之士的情感共鸣，给予了高度评价。但王安石评价历史人物的着眼点则跳出了个人人生君臣遇合的得失，立足于是否有用于世有助于时的角度，表达了独特的“遇与不遇”的人生价值观。遇与不遇，不在于官场职位的高低，而在于胸怀谋略是否得以实行，是否于国于民有益：

一时谋议略施行，谁道君王薄贾生。
爵位自高言尽废，古来何啻万公卿。

以人况己，以古喻今，振聋发聩，这样的诗作才当得上“绝大议论，得未曾有”的美誉。无论是回首历史，还是关注现实，抑或是感受人生，往往因作者的视角不同，立场观念有别，而感发不一，所写诗文，各呈异彩。

但是我们在阅读体验中还发现了一些很有趣的现象：读者有时所欣赏的并不是作者的得意之作，而有时候作者所自珍的，读者却有微词。欧阳修《六一诗话》有这样一段文字：

晏元献公文章擅天下，尤善为诗，而多称引后进，一时名士往往出其门。圣俞平生所作诗多矣，然公独爱其两联，云“寒鱼犹著底，白鹭已飞前”，又“絮暖鮆鱼繁，露添莼菜紫”。余尝于圣俞家见公自书手简，再三称赏此二联。余疑而问之，圣俞曰：“此非我之极致，岂公偶自得意于其间乎？”乃知自古文士不独知己难得，而知人亦难也。

欧阳修这种阅读体验不止一端，刘攽《中山诗话》记载：永叔云：“知圣俞者莫如某，然圣俞平生所自负者，皆某所不好。圣俞所卑下者，皆某所称赏。”于是也感慨知心赏音之难。

正因为知心赏音之难，所以古人强调阅读欣赏应该知人论世。于是了解探究历史，就有“纪事本末”类的系列著述。阅读欣赏诗词，即有《本事诗》、《本事词》、《词林纪事》、《唐诗纪事》、《宋诗纪事》、《明诗纪事》、《清诗纪事》等著作；阅读唐宋散文，也有《全唐文纪事》、《宋文纪事》之类的著述。对于读者而言，这些著述有助于我们由事知史，由事知人，进而由事知诗，由事知词，由事知文；或者说有助于我们加深对相关诗、词、文的深入了解。正是从这个视点出发，出于弘扬传统文化，建设社会主义精神文明的责任感与使命感，兰州大学出版社策划出版“故事里的文学经典”、“故事里的史学经典”、“故事里的哲学经典”（统称为

“换个角度读经典”）系列丛书，同样出于历史使命感，我们愉快地接受了“故事里的文学经典”系列的撰写工作，首批包括《故事里的文学经典之唐五代词》、《故事里的文学经典之唐文》、《故事里的文学经典之宋文》、《故事里的文学经典之北宋诗》、《故事里的文学经典之南宋诗》、《故事里的文学经典之元曲》、《故事里的文学经典之唐诗》、《故事里的文学经典之宋词》。

当凝聚着丛书的策划者和撰著者共同心血的著述即将付梓之际，我们为和兰州大学出版社这次愉快的合作感到由衷的高兴，因为共同的弘扬优秀传统文化的目标，出好书就成为我们共同的意愿，所以撰写以至出版的一些具体问题，就很容易通过沟通达成一致。参与丛书撰写的同仁均长期从事中国古典文学的教学科研工作，怎样让经典文学作品走出大学的讲堂，走向社会，走向千家万户，是我们长期思考的问题；而由学者在一定研究基础上撰写的，面向更为广大的读者群的融学术性的严谨和能给予读者阅读的知识性、愉悦性则是出版社策划者的初衷。合作的愉快也为我们下一步自汉魏至明清诗、词、文部分的写作奠定了良好的基础。

由“本事”或者说由“故事”入手诠解阅读文学经典是我们的共识。

那些与诗、词、文密切相关的“本事”，在古典文学名篇佳作的赏鉴研读中，主要是指与相关作品的创作、传播以及作家的生平遭际有关的“故事”，抑或是趣事逸闻，其本身就是最通俗、最形象吸引读者的“文学评论”，许多流誉后世的名篇佳作，几乎都伴随有引人入胜的“故事”或传说。这些故事或发生于作家写作之前，是为触发其写作的契机，所谓“感于哀乐，缘事而发”；或是出于一种自觉的责任感使命感，“文章合为时而著，歌诗合为事而作”。而有些诗文本身就在讲故事，史传文学本身就与后世小说特别是传奇小说有千丝万缕的联系，所以唐宋散文中的一些纪传体散文名篇诸如《张中丞传后叙》、《段太尉逸事状》、《杨烈妇传》、《唐河店妪传》、《姚平仲小传》等颇具小说笔法。即如范仲淹之《岳阳楼记》，王庭震《古文集成》中也记述说：

> 《后山诗话》云：“文正为《岳阳楼记》，用对语说时景，世以为奇。尹师鲁读之，曰：‘传奇’体耳！”《传奇》，唐裴铏所著小说也。

有些诗歌也是感人的叙事诗，在很多读者那里了解的苏小妹的故事，只是民间的传说，得之于话本小说《苏小妹三难新郎》、近年新编的影视作品《鹊桥仙》等。人们出于良好的心理愿望,去观看欣赏苏小妹和秦观的所谓爱情佳话,让聪明贤惠的苏小妹和苏轼最得意的门生秦观在虚构的小说、戏曲、影视作品中成就美好姻缘,而不去考虑受虐病逝于皇祐四年(1052)的苏洵最小的女儿、苏轼的姐姐八娘,和出生在皇祐元年(1049)的秦观结为秦晋之好是根本不可能的!而苏洵的《自尤》诗即以泣血之情记述了爱女所嫁非人,被虐致死的锥心之痛。但长期以来,由于资料的散佚,一些研究苏轼的专家对此亦语焉不详,台湾学者李一冰所著《苏东坡新传》即曰:

苏洵痛失爱女,怨愤不平,作《自尤》诗以哀其女(今已不传)。

我们依据曾枣庄先生《嘉祐集笺注》收录了《自尤》诗并叙,并未多加诠释,因为诗作本身就为我们含悲带愤地讲述了一个凄惨的八娘的短暂的一生的悲剧故事。苏小妹不是一个传说!

当然,也有一些故事发生在诗作传播之后,如《舆地广记》和《艇斋诗话》都记载,苏轼"为报先生春睡美,道人轻打五更钟"传到京城,章惇认为东坡生活快活安稳,于是又把诗人贬到海南。但是不论诗人是直书其事,还是借史言事,是因事论事,还是即事兴感,与诗作相关与诗人遭际相关的故事,都有助于我们对经典诗文在知人论世的基础上去读解诠释。

在"换个角度读经典"系列丛书之"故事里的文学经典"(第一批)将要出版发行之际,我们对兰州大学出版社的张仁先生、张映春女士为之付出的大量心血和兢兢业业一丝不苟的敬业精神表示由衷的感佩;对兰州大学文学院党政领导班子,特别是张炳成同志对于丛书的写作出版自始至终的关注支持深表感谢。同时,由于切入角度不同,对于相关诗、词、曲、文名篇的诠解也仅是我们的一得之见,所以我们热望广大读者多提宝贵意见,书山有路勤为径,学海无涯乐作舟,愿读者诸君和我们一起愉快阅读经典的同时,换个角度,读出我们各自心目当中的经典。

庆振轩

二〇一三年八月于兰州

目　录

别有幽情暗恨生:易代心史

腹有诗书气自华:读书养气

日暮乡关何处是:寻找家园

人生有情泪沾臆:我辈钟情

乱世天教重侠游:吾国吾民

别有幽情暗恨生：易代心史

明崇祯十一年，吴中久旱，苏州承天寺狼山中房浚疏古井，得一个铁函，内藏南宋遗民郑思肖所著《心史》一部，历三百余载而纸墨如新，吴下传颂，轰动一时。后世幽情暗恨而别有怀抱之文字，遂有“心史”之名。1644年，清入主中原，一代遗民，回天无力，或遁走山林，逃于庄禅；或荒江茅舍，讲学著书，交友论学，存文化命脉于异世，而尤以后者为后人所重。顾炎武疏囊蹇驴游走荒烟绝塞之间，启有清学术之新路，厥功甚伟；易堂九子相聚讲学于宁都翠微峰下，近世史家陈寅恪三致意焉。虽诸遗民出处有异，但胸有块垒，不能忘情于旧朝，以孤愤之笔，开出生命之新境界则未始有差。

缨胡吴钩　快意恩仇

——魏禧《大铁椎传》

“千古文人侠客梦”，在这个美丽缥缈的梦中，侠客行走江湖、行侠仗义、快意恩仇。常人所不能为者，侠客可以为之；常人所不能平者，侠客可以平之。侠客温暖了落魄于秋雨客寮中的青衫儒士：

> 赵客缦胡缨，吴钩霜雪明。银鞍照白马，飒沓如流星。
> 十步杀一人，千里不留行。事了拂衣去，深藏身与名。
> 闲过信陵饮，脱剑膝前横。将炙啖朱亥，持觞劝侯嬴。
> 三杯吐然诺，五岳倒为轻。眼花耳热后，意气素霓生。
> 救赵挥金槌，邯郸先震惊。千秋二壮士，烜赫大梁城。
> 纵死侠骨香，不惭世上英。谁能书阁下，白首太玄经。

生于碎叶，长于蜀，游于吴越、楚湘、齐鲁的太白，似乎并未在燕赵之地作过长久的停留，但在这首英气纵横的《侠客行》中，李白选择的侠客典范却是慷慨悲歌的燕赵之士。或许无论楚湘、吴越之地给予李白多少瑰丽的想象，其心中的千秋块垒依旧无法消解，酒不能消之，惟剑可以消之。狂荡快意的李白在自由的行走与杀戮中，宣泄内心不得认可的愤懑与躁动。侠客不能接受日常的重复与沉闷，侠客的世界是一个好“奇”的世界：

> 庚戌十一月，予自广陵归，与陈子灿同舟。子灿年二十八，好武事，予授以左氏兵谋兵法，因问：“数游南北，逢异人乎？”子灿为述大铁椎，作《大铁椎传》。
>
> 大铁椎，不知何许人，北平陈子灿省兄河南，与遇宋将军家。宋，

怀庆青华镇人，工技击，七省好事者皆来学。人以其雄健，呼宋将军云。宋弟子高信之，亦怀庆人，多力善射，长子灿七岁，少同学，故尝与过宋将军。

陈平原《千古文人侠客梦》

时座上有健啖客，貌甚寝，右胁夹大铁椎，重四五十斤，饮食拱揖不暂去。柄铁折叠环复，如锁上练，引之长丈许。与人罕言语，语类楚声。扣其乡及姓字，皆不答。

既同寝，夜半，客曰："吾去矣！"言讫不见。子灿见窗户皆闭，惊问信之。信之曰："客初至，不冠不袜，以蓝手巾裹头，足缠白布，大铁椎外，一物无所持，而腰多白金。吾与将军俱不敢问也。"子灿寐而醒，客则鼾睡炕上矣。

金庸《书剑恩仇录》

宋将军以技击之道，闻名七省，乃攘攘人世间颇为特别之人物，但与暂居其府为客的"大铁椎"相较，则未为奇也。"大铁椎"不知生于何处，自何处而来，亦不知其姓字。此人貌丑陋，食量惊人，行踪不定，已怪奇十足，但尤奇者则为身边所携的巨型铁椎。奇人有奇物，明清易代之际，人物凋零，江湖侠骨已无多，如此之人自当有奇事：

一日，辞宋将军曰："吾始闻汝名，以为豪，然皆不足用。吾去矣！"将军强留之，乃曰："吾数击杀响马贼，夺其物，故仇我。久居，祸且及汝。今夜半，方期我决斗某所。"宋将军欣然曰："吾骑马挟矢以助战。"客曰："止！贼能且众，吾欲护汝，则不快吾意。"宋将军故自负，且欲观客所为，力请客。客不得已，与偕行。将至斗处，送将军登空堡上，曰："但观之，慎弗声，令贼知也。"

时鸡鸣月落，星光照旷野，百步见人。客驰下，吹觱篥数声。顷之，贼二十余骑四面集，步行负弓矢从者百许人。一贼提刀突奔客，客大呼挥椎，贼应声落马，马首裂。众贼环而进，客奋椎左右击，人马仆地，杀三十许人。宋将军屏息观之，股栗欲堕。忽闻客大呼曰："吾去矣。"尘滚滚东向驰去。后遂不复至。

宋将军貌雄健,善技击,大铁椎以其为不足用,已甚奇,及与贼决斗旷野,一人独挡数百人,杀三十许人而后去,事果奇矣。事了尘滚滚东去,埋大名于尘埃之中,与太白何等相似。明亡后,魏禧与兄弟友人携手归隐,以讲学度世。然观魏氏兄弟,多好游赏而有侠义风,则其心中或有耿耿之怀,相期于草莽间之勇者乎?

魏禧论曰:子房得力士,椎秦皇帝博浪沙中,大铁椎其人与?天生异人,必有所用之。予读陈同甫《中兴遗传》,豪俊侠烈魁奇之士,泯泯然不见功名于世者又何多也?岂天之生才不必为人用与?抑用之自有时与?子灿遇大铁椎为壬寅岁,视其貌当年三十,然则大铁椎今四十耳。

子灿又尝见其写市物帖子,甚工楷书也。

平江不肖生《江湖奇侠传》

郭靖黄蓉相会图

张良椎击秦始皇于博浪沙,惜中副车,然子房终助汉灭秦,则大铁椎之椎乃张良之椎乎?大铁椎果然为心中有块垒者乎?陈亮《中兴遗传》载录的豪侠之士,多无大名于世,天既生才,当必有其用,岂机缘未到耶?然人生寿命有时而尽,大铁椎今四十矣,虽可用,然若再不用,一老朽之人矣。大铁椎貌丑陋,少言语,似仅一草莽英雄耳。然魏禧又略作闲笔,曰其工楷书,则大铁椎为一隐于乡野别有怀抱,必非一粗鲁而勇者,魏禧于此岂故作闲笔乎?

金庸《射雕英雄传》第五回,全真教的小道士尹志平给已在大漠生活多年的江南七怪送来一封书信：

全真教下弟子丘处机沐手稽首，谨拜上江南六侠柯公、朱公、韩公、南公、全公、韩女侠尊前：江南一别，忽忽十有六载。七侠千金一诺，间关万里，云天高义，海内同钦，识与不识，皆相顾击掌而言曰：不意古人仁侠之风，复见之于今日也。张公仙逝漠北，尤足令人扼腕长叹，耿耿之怀，无日或忘。贫道仗诸侠之福，幸不辱命，杨君子嗣，亦已于九年之前访得矣。

二载之后，江南花盛草长之日，当与诸公置酒高会醉仙楼头也。

人生如露，大梦一十八年，天下豪杰岂不笑我辈痴绝耶？

这封书信出于大侠丘处机之手，观信者则为有“江南七怪”之称的市井武人。与李白《侠客行》中，侠客守然诺、酬知己但未必以仁义相尚不同，这封借用宋人之手虚构的文字，将侠客与仁义勾连为一，为侠者必仁义之徒，而气脉流畅、惊才绝艳的文字背后岂非隐含侠客当为风流倜傥者之想象乎。武功、仁义、文采，文人的侠客之梦是何等的风光旖旎，但作为代偿满足的侠客与快意恩仇的江湖世界，却很难真实填补文人儒生现实生活的缺欠。或许梦太美，客寮中听雨的人竟不忍醒来。

（刘　顺）

报韩只得博浪沙　帷幄何妨佐汉家

——魏禧《留侯论》

在秦末汉初那一段烽烟历史中，项羽、刘邦、吕雉、萧何、韩信、樊哙、张良等人物谱写出一篇篇壮丽的诗篇。其中最引人注目的，当属留侯张良。

张良字子房，出身于贵族世家，其祖先为韩国人，张良的祖父和父亲甚至担任过韩国的宰相，可谓是世家出身。秦灭亡韩国之时，张良还年轻，没有在韩国做官，但是世受韩禄的他决定为故国报仇，于是他前去东方拜见仓海君，与之共同制定了刺秦计划。他连弟弟死了也不举行葬礼，用全部家财来求客刺秦王，以求报韩。在博浪沙狙击秦始皇未成，逃亡至下邳时遇黄石公，得《太公兵法》，深明韬略，足智多谋。不久，陈胜、吴广在大泽乡揭竿而起，举兵反秦。看到形势的张良也聚集了一百多人，准备响应，后因自感身单势孤，难以立足，只好率众往投景驹（自立为楚假王的农民军领袖），途中正好遇上刘邦率领义军在下邳一带发展势力。两人一拍即合，张良多次以《太公兵法》（《素书》）进说刘邦，刘邦多能领悟，并常常采纳张良的谋略。于是，张良果断地改变了投奔景驹的主意，决定跟从刘邦。作为士人，深通韬略固然重要，但施展谋略的前提则是要有善于纳谏的明主。这次不期而遇，张良"转舵"明主，反映了他在纷纭复杂的形势中清醒的头脑和独到的眼光。从此，张良深受刘邦的器重和信赖，聪明才智也有机会得以充分发挥。

张良拜师图

秦朝灭亡之后，四年的楚汉之争开始，张良利用自己出色的智谋在鸿门宴中帮助刘邦脱险，让刘邦"聚集三王，方可与霸王一战"，使得刘邦战胜项羽，成为历史的问鼎者。力谏刘邦封赏雍齿，以稳定人心；保住太子之位，稳定国政，为汉朝的建立和国政的稳定立下了汗马功劳。

魏禧（1624—1680）

张良在秦末英雄辈出、楚汉争霸的动乱时代，运用自身的智慧，帮助刘邦取得胜利。刘邦评价其："夫运筹策帷帐之中，决胜于千里之外，吾不如子房。"张良还被誉为"汉初三杰"之一，可谓功成名就。也由于张良的经历，使得后世人在看待张良之时，也会从不同角度去看待张良。

明末清初，明代遗民在思想上可谓独树一帜。清代，中央集权达到高峰。魏禧的《留侯论》，敢于冒天下之大不韪，独树一帜，从张良士韩还是士汉的角度出发，阐明自己的看法，文章写道：

客问魏子曰："或曰：'子房弟死不葬，以求报韩。'既击始皇博浪沙中，终辅汉灭秦，似矣。韩王成既杀，郦生说汉立六国后，而子房沮之，何也？故以为子房忠韩者，非也。"

在这里，魏禧从张良到底忠于汉还是忠于韩的问题引出，世人都认为张良辅佐刘邦灭亡了秦朝。项羽立六国之后，张良就应该去帮助韩王成。在韩王成被杀之后，当郦生建议刘邦恢复六国分封制之时，张良也应该同意郦生的建议而不是去阻止。因此，可以看出张良忠于韩国的说法是错误的。文章开篇就直入主题，从一个千古无定论的问题引出，言语虽然简洁，但颇具力度，让人不由自主地想看到魏禧是怎样回答这个问题的。下文又写道：

司马迁《史记》

魏子曰："噫，是乌足知子房哉！人有力能为人报父仇者，其子父事之，而助之以灭其仇，岂得为非孝子哉？子房知韩不能以必兴也，则报韩之仇而已矣。天下之能报韩仇者，莫如汉，汉既灭秦，而羽杀韩王，是子房之仇，昔在秦而今又在楚也。六国立则汉不兴，汉不兴则楚不灭，楚不灭则六国终灭于楚。夫立六国，损于汉，无益于韩。不立六国，则汉可兴，楚可灭，而韩之仇以报。故子房之志决矣。”

在这一段中，魏禧将自己的观点之一表述出来，认为人们这样认为是不知道张良，就好像别人有能力能够替人报了杀父之仇，他的儿子像对待父亲一样侍奉那人，而帮助他来消灭他的仇人，难道能够说这个人不是孝子吗？张良的处境与这很相似。“子房知韩下能以必兴也”，但是又要为韩国报仇，只能依靠其他力量。秦国灭亡之后，韩王成被立为韩王，按说张良此时的仇应该已经报完了。但是纷纭突变，“而羽杀韩王，是子房之仇”。楚国杀了韩王成，也成为张良的仇敌。张良意识到：六国重新立国那么汉王不能兴盛，汉王不能兴盛那么楚国不会灭亡，楚国不灭亡那么六国终究要被楚国消灭。那么，立了六国的后代，有损于汉王，又无益于韩国。不立六国的后代，那么汉王可以兴盛、可以灭楚，从而韩国的仇恨得以报复。所以张良下定决心这样做了。这一段，可谓是张良内心活动的深刻描写，将张良士汉以报仇的想法刻画得淋漓尽致。

文章至此，应该是解释了张良为何辅佐刘邦的原因。但是辅佐刘邦开创大汉四百年基业的军师张良，怎么会是为了一己之私而留在刘邦身边的人呢？第三段进一步表明魏禧的第二层观点：

子房之说项梁立横阳君也，意固亦欲得韩之主而事之，然韩卒以夷灭。韩之为国与汉之为天下，子房辨之明矣。

鸿门宴

张良劝说项梁立韩国的公子韩成，心中本来就是想让他成为韩国的君主而侍奉他，然而韩国最终被灭亡。韩国的立国和汉朝的得天下，张良分辨得十分明白。这也是张良对故国的思念。周朝灭商的时候，伯夷、叔齐义不食周粟，是对商朝的忠心。明末清初，王夫之、黄宗羲等人，甚至包括魏禧本人，都不愿意当清朝的官，以遗民自居，甚至为了保住故国衣冠，不愿剃发易服，成为道士，只愿故国的一丝一点还能够在自己有限的能力中体现。文章没有继续描写张良为故国具体做了什么，转而论述同一时期的范增，写道：

范增以沛公有天子气，劝羽急击之，非不忠于所事，而人或笑以为愚。

范增作为项羽的亚父和军师，意识到刘邦会是项羽的对手时，劝项羽赶紧攻打他，“非不忠于所事”。然而有的人却讥笑范增是愚蠢的，将范增与张良对比，得出了本文的中心：

且夫天下公器非一人一姓之私也。天为民而立君，故能救生民于水火，则天以为子，而天下戴之以为父。子房欲遂其报韩之志，而得能定天下祸乱之君，故汉必不可以不辅。夫孟子，学孔子者也，孔子尊周，而孟子游说列国，惓惓于齐梁之君，教之以王。夫孟子岂不欲周之子孙王天下而朝诸侯？周卒不能；两天下之生民，不可以不救。天生子房以为天下也，顾欲责子房以匹夫之谅，为范增之所为乎？亦已过矣！

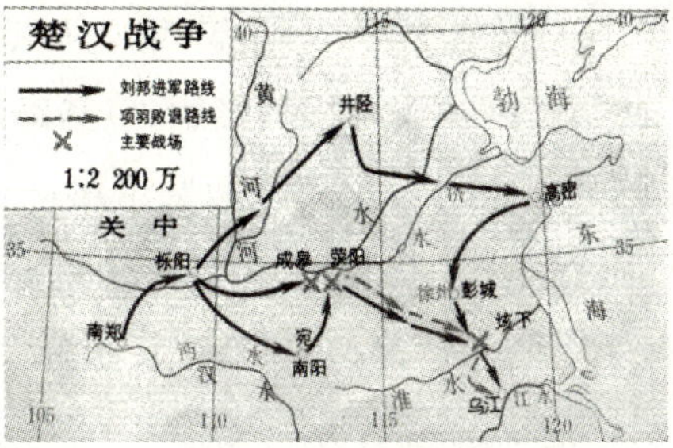

楚汉争霸示意图

“夫天下公器非一人一姓之私”，道出了天下不是一个人或者是父子相传、兄终弟及的一家姓氏的囊中之物。上天为百姓确立的君王，本来就是能够从水深火热中拯救百姓的。那么上天选定的天子，天下人就拥护他，把他作为父亲。假如这个君主不能救民于水火，反而将人民推入水火之中，这样的君主，人们应该推翻他。这个道理，辕固在与黄生的争论中就有论述：

黄生曰：“汤、武非受命，乃杀也。”固曰：“不然。夫桀、纣荒乱，天下之心皆归汤、武，汤、武因天下之心而诛桀、纣，桀、纣之民弗为使而归汤、武，汤、武不得已而立。非受命为何？”

黄生曰：“‘冠虽敝必加于首，履虽新必贯于足。’何者？上下之分也。今桀、纣虽失道，然君上也；汤、武虽圣，臣下也。夫主有失行，臣不正言匡过以尊天子，反因过而诛之，代立南面，非杀而何？”固曰：“必

清文

若云，是高皇帝代秦即天子之位，非邪？”

李贽（1527—1602）

同样，明末的李贽也认为“天之立君，本以为民”。这也深刻地影响了魏禧等人。“民能载舟，亦能覆舟。”当君主不能承担天下重任之时，人们不应该去忍受。孟子时代，周王室已经不可能再统一天下了，只有诸侯国能够担起重任，成为上天任命的天子，于是孟子不再像孔子一样效忠于周王室，反而游说诸侯国。张良在当时的情况下，要是盲目地去效忠故国，与范增一样，那是滑天下之大稽的事情。

此篇是魏禧议论文的名篇，气势踔厉风发，层层推进，表现了他长于见识和议论的写作特色。文章分两层论述：一为张良仕汉以报韩仇；二为张良仕汉以救天下之民。尤其“天下公器非一人一姓之私”“天下之生民不可以不救”等观点，继承了明末李贽的思想，在专制统治尤为严重的清代，更是让人耳目一新。

（郭霖娜）

降臣遗老　憾恨辛酸

——钱谦益《题塞上吟卷》

钱谦益(1582—1664)

钱谦益，作为政治家，是东林党领袖之一，官至崇祯朝礼部侍郎和南明弘光朝礼部尚书；作为文学家，他开有清一代诗风，号称“当代文章伯”，被视为江左三大家之一，在东南一带更被奉为“文宗”；作为史学家，早年撰《太祖实录辨证》五卷，立志私人完成国史，他于弘光元年、顺治三年两次欲修明史，虽然因为种种原因未能如愿，但人们认为“虞山尚在，国史犹未亡也”；作为收藏家，钱谦益尽得刘凤、钱允治、杨仪、赵用贤四家书，更不惜高价广肆购求古本，构筑“绛云楼”，收藏宋元孤本书于其上，“所积充牣，几埒内府”。

然而，就是这么一个成就煊赫的人，在“降清”时丑态辈出，气节尽失，为忠义之士所不耻，甚至连他所投降的清朝也百般轻侮他，乾隆帝更是将他列为《明史·贰臣传》之首，挖苦其“平生谈节义，两姓事君王”。而钱谦益自己，在降清之后也是一直生活在愧悔与彷徨中，终不得脱。时过境迁，提起钱谦益，人们最为熟知的，只剩下他与柳如是之间的一段传奇爱情故事，以及明亡之后柳氏劝其殉国时“水太冷”的笑话。

明万历三十八年(1610年)，当28岁的钱谦益以一甲第三名的成绩高中进士，被授予翰林编修的时候，他是没有想到自己后面五十四年的人生会有那么多波澜起伏的。

晚明的政治，似乎一直是与党争分割不开的。万历时，明朝的中央已经分化成东林党和宣、昆、齐、楚、浙诸党两大派系。皇帝宠爱郑贵妃所生之子朱常洵，想立其为太子，宣、昆、齐、楚、浙诸党附议；东林党则与一帮老臣一道，以“长幼有序”，拼死支持长子朱常洛，开始了一场“国本之争”的拉锯战。

无锡“东林旧迹”牌坊

钱谦益出生于江苏常熟，与东林党党魁顾宪成家乡相去不远。环境的浸染加上读书人自身的清高，让他未入仕时就对东林党充满向往，其后的加入也是水到渠成。此后很长时间内，钱谦益的际遇似乎就随着党争的形势浮沉。

宣、昆、齐、楚、浙诸党在万历和宦官集团的支持下，经过王元翰案、淮抚李三才之争、辛亥京察、荆熊相争、李朴上言等几次交锋，终于占据了上风，对东林党展开了洗劫，身为东林党成员的钱谦益自然也受到了牵连。

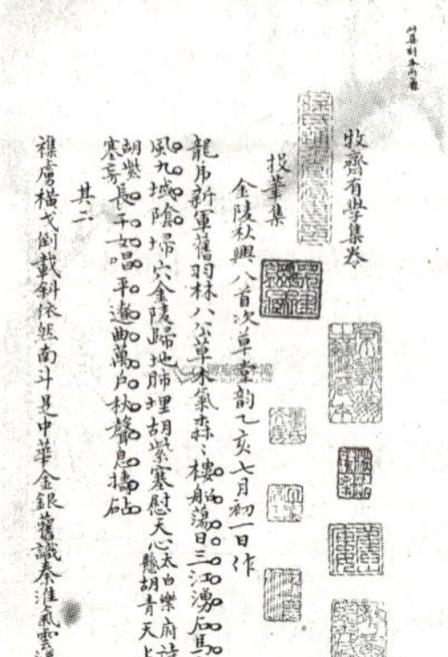

《牧斋有学集》刻本

在他进入翰林院的第二年，父亲病死，钱谦益回乡丁忧。按照惯例，丁忧满三年即可复职，但在宣、昆、齐、楚、浙诸党的幕后操作下，他再回京城，已经是十年以后，万历也驾崩了。新即位的泰昌皇帝朱常洛对东林党投桃报李，也十分欣赏钱谦益的才华。似乎终于否极泰来了，然而命运又一次跟钱谦益开了个玩笑。可能是长时期战战兢兢的生活消磨了这位年轻皇帝的精力，即位不到一个月，泰昌皇帝就驾鹤西去了。天启皇帝继位第二年（1621年），钱谦益被任命为浙江乡试正考官，远赴江南负责监考，又卷入“浙闱舞弊案”，最后虽查实为冤枉，但仍被罚俸三个月，钱谦益心中郁结，称病辞官。

三年后，东林党终于暂时压制住宣、昆、齐、楚、浙诸党，杨涟、左光斗、赵南星相继受到重用，就连宰相叶向高也成了他们的政治盟友。钱谦益返京任詹事府少詹事兼侍读学士，受命参与编写《神宗实录》。然而好景不长，一年后，魏忠贤一伙再度打败东林党，杨涟惨死狱中，钱谦益被列入《东林党人同志录》。魏忠贤指控他为"东林党魁",钱谦益遭弹劾罢免。

天启七年(1627年)八月,明熹宗朱由校驾崩,思宗朱由检即位,钱谦益重新奉召入职。第二年(崇祯元年)七月钱谦益应诏北上,出任礼部右侍郎,并一度成为内阁首辅的热门人选。当时,他面对的有力的竞争者是温体仁和周延儒。为了能够顺利击垮对手,各方尽显身手。钱谦益最终稍逊一筹,惨遭败北:

> 会推阁臣,谦益虑尚书温体仁、侍郎周延儒并推,则名出己上,谋沮之。体仁追论谦益典试浙江取钱千秋关节事,予杖论赎。
>
> 体仁复贿常熟人张汉儒讦谦益贪肆不法。谦益求救于司礼太监曹化淳,刑毙汉儒。体仁引疾去,谦益亦削籍归。

温体仁和周延儒一起进入内阁,为了防止钱谦益东山再起,唆使他人诬告。钱谦益在崇祯十年被打入刑部大狱,经亲友多方奔走,才免于治罪。

此后,终崇祯一朝,钱谦益几乎未受重用。直到崇祯十七年,明王朝日薄西山,崇祯下旨起用钱谦益,然而使臣还未见到钱谦益,北京城已为李自成大军攻破。

或许是起起伏伏、抑郁不得志的为官生涯,摧毁了钱谦益心中的清明。此后,他的所作所为,与早年就大相径庭了。

明朝灭亡后,钱谦益和一干大臣逃至南京。五月十五日,明福王朱由崧即位于南京,改年号弘光。这时候的钱谦益见风使舵,对马士英阿谀奉承,甚至还举荐了魏忠贤当年的干儿子阮大铖,并利用夫人柳如是与阮大铖的关系,谋就了礼部尚书的职位。

在清朝的全力打击下,弘光皇帝在位不满两年就沦为阶下囚,身首异处。诸仁人志士或以身殉国,或四处流散,继续反清大业,而作为"东林魁首"的钱谦益却率诸大臣在滂沱大雨中开城向多铎迎降。史载清顺治二年乙酉,弘光元年(1645年)五月,清兵进逼南京。柳如是劝钱谦益与其一起投水殉国,"以副盛名"。年逾六旬的钱沉思无语,最后说:"水太冷,不能下",柳如是"奋身欲沉池水中",却被钱谦益拉住,"持之不得

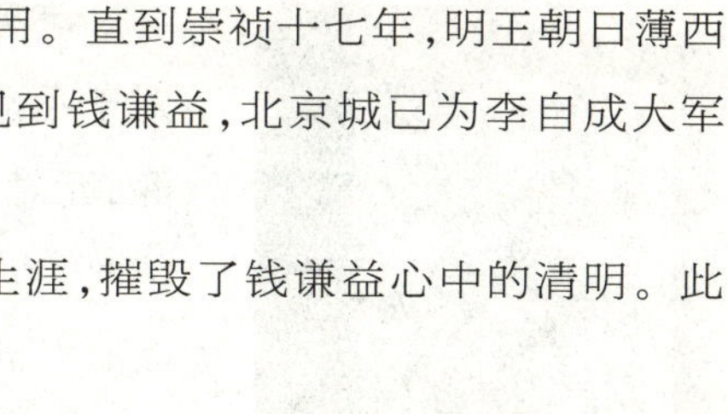

常熟柳如是墓

入”。柳如是知钱谦益不愿以身赴死，便与他商议远离仕途，不变节事清，钱谦益答应。然而顺治三年，钱谦益最终却以礼部侍郎管秘书院事，任《明史》馆副总裁。而其时与之交好的河南巡抚越其杰和河南参政兵备道袁枢俱誓不仕清，相继郁郁绝食而卒。时人有诗“钱公出处好胸襟，山斗才名天下闻。国破从新朝北阙，官高依旧老东林”。

史敦《恸余杂记》还记载了钱谦益觍颜迎降时的一则丑态：“豫王（多铎）下江南，下令剃头，众皆汹汹。钱牧斋忽曰：‘头皮痒甚。’遽起。人犹谓其篦头也。须臾，刚髡（剃去头发）辫而入矣。”

毕竟是曾经胸有一腔正气的钱谦益，虽然软弱和怯懦曾让他做出饱受诟议的降清之举，但他心中并没有完全臣服。

南明弘光政权亡。秋，钱北上充修明史副总裁。柳如是留居南京。“当谦益往北，柳氏与人通奸，子愤之，鸣官究惩。及归，怒骂其子，不容相见。谓国破君亡，士大夫尚不能全节，乃以不能守身责一女子耶？”

《牧斋有学集》

可见钱谦益虽被迫降清，然而并非心甘情愿。对于乱世之中，士大夫的种种郁结与无奈，他感触颇深，而对于柳氏的宽宏大量，又何尝不带着自己亦未能“全节”的感同身受？

在清朝供职的时间里，钱目睹了清朝对汉人的屠杀与戕害，以及无数仁人志士的顽强斗争，见识了昔日同僚为了自己的理想和坚守慷慨赴死。再加上别人对其绵延不断的羞辱与耻笑，钱谦益一直生活在痛悔与愧疚中。出仕当年六月，他称病回家，投身于反清复明的洪流，撰文鞭笞清朝，颂扬抗清志士的英勇事迹，并倾尽家财，并多方奔走，多次入狱而不改其志，重新拾起自己昔时的志向与人格，与先前判若两人。然而，时不我与，历史的洪流难以阻挡。最终，钱谦益也只能避世远遁，专心学问，并在佛与禅之间稍微开解一下自己的苦闷。

《题塞上吟卷》选自《牧斋文钞》，系钱谦益在友人王紫涯《塞上吟卷》后的题跋，作于钱晚年辞官归里后。追慕先人余勇，充满了敬慕与缅怀，好不惬意，忽又惊觉自己不过参禅一老翁，心思云涌不过敲几声木鱼响也；再想友人王紫涯沙场风流，笔意遄飞，挽雕弓如满月，豪气冲天，而自己只合坐禅入定。沧桑哀婉与激楚苍凉并一，字里行间，有着对汹涌豪情的钦慕与追怀，似乎是佛禅的超脱，却又溢出一股自嘲与无奈：

> 岁云暮矣。白衣补衲坐竹窗木榻上，挑灯读《塞上吟卷》。云旗雷车，猎猎然从空而下，如骠姚将军率轻勇骑，弃大军趋利，转战过焉支山。又如昆阳城西，震呼动天地，屋瓦皆飞，虎豹股战。快矣哉！

旌旗蔽空，车声雷动，猎猎然从天而降，如重现当日骠骑将军霍去病的神勇，又如刘秀大破王莽军，呼声震天，战阵激烈。元朔六年（前123年），十七岁的霍去病被汉武帝任命为骠姚校尉，随卫青击匈奴于漠南，“与轻勇骑八百直弃大军数百里赴利，斩捕首虏过当”，斩获敌人2028人。公元前121年，汉武帝再派霍去病率兵西进，过焉支山，击败匈奴，夺得河西地区，打通了中原与西域的交往通道。自此，焉支山成为胜利的象征。而昆阳城西，则在今甘肃山丹县东南，西汉末年，刘秀以三千兵马在此打败王莽数十万大军。

柳如是

作者见友人画作，历史上的英雄人物轰然涌入脑际，也许想起了自己当年反清复明的志向，也曾想振臂一呼，跃马而定天下，奈何时不我与，暮年一老翁，只能借佛之超脱，稍渡胸中之苦闷。

> 已而更阑吟罢，佛火青荧，刁斗无声，木鱼徐响，然后知此诗中边声猛气，适足助老夫禅观也。

更阑吟罢，对一堂佛火，脑海里行军之声渐趋于沉寂，只徐徐敲得木鱼响，画里诗意，边声猛气，就权且做参禅之助力罢了。奈何？

> 作者娄江王紫涯氏，其人挽十石弓，执丈二殳，磨盾鼻草檄，笔墨横飞，临阵作壮士歌；功成，和竞病诗。

又想及画卷作者王紫涯，挽弓执戟，盾鼻上磨墨草写檄文，阵前慷慨高歌，虽为武将，亦有诗才。“挽十石弓，执丈二矛”，形绘其勇武；“磨盾鼻草檄，笔墨横飞，临阵作壮士歌”，则文豪武功，跃然纸上。

一面为金戈铁马的战斗氛围和豪情勇武所打动，同时又暗中羞愧于自己曾经的行状经历，于是便不敢也不愿再去思去想，还是避到“青灯”“木鱼”中，聊作“助老夫禅观”吧。

老夫坐长明灯下，只用尔时一味水观消受耳。

似乎淡然入定，然其中怆然之意徘徊不去，不知虞山此时，佞佛参禅是看破了世事，还是于其中避得一夕安稳？

全篇之中，虽无一字言及自己的憾恨与愧悔，然而字里行间无不流露出自嘲与苦闷。对于英雄豪士不吝笔墨的描绘与赞扬，又何尝不寄寓着对另一种人生的敬慕与欣羡。而老夫参禅的自我开解，似乎说凡尘已远，唯禅趣萦心，然稍一思索，便会咂摸出里面的凄苦味。佛，亦难解心中障。对于失节降清，钱氏终是耿耿于怀的。对于故国明朝，钱谦益也始终未能忘怀。

海角崖山一线斜，从今也不属中华。
更无鱼腹捐躯地，况有龙涎泛海槎？
望断关河非汉帜，吹残日月是胡笳。
嫦娥老大无归处，独倚银轮哭桂花。

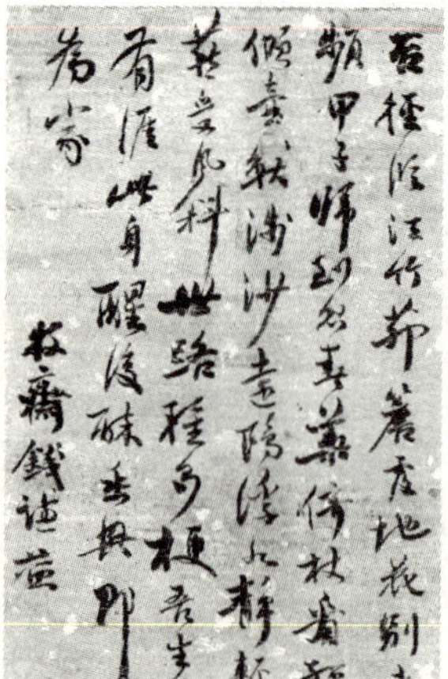

钱谦益手迹

也许在他的心中，忠君观念并不特别执着，《陆宣公墓道行》诗有云：“人生忠佞看到头，至竟延龄在何许？”然而降清，却又牵涉到了民族荣辱。清之代明，在他们心里，是中华的沦丧。本以“清流”自居，却为热衷于功名而屡次陷入政治漩涡，留下降清失节的污名，进退维谷，不但给自己造成苦果，而且既为明朝遗民所斥责，又为清朝皇帝所憎厌，处于“降臣”和“遗老”双重身份的矛盾中。同侪的指责、世人的鄙夷，这些始终都让他良心不得安宁。

陈寅恪先生有云：“牧斋之降清，乃其一生污点。但亦由其素性怯懦，迫于事势所使然。若谓其必须始终心悦诚服，则甚不近情理。”

钱谦益最终积极投身于反清复明的活动中，倾尽家财，奔走呼吁，以其实际行动赢得了一些人的原谅，然而其心中的枷锁，却一直未能解开，至死仍呼：“当初不死在乙酉日，这不是太晚了吗？”（据顾公燮《消夏闲记》的记载）

公元1664年，饱受疾病折磨与心理煎熬的钱谦益，终于结束了他跌宕起伏的一生，身后留下《初学集》《有学集》等多部著作，被黄宗羲、顾炎武等尊为“文章宗主”。其一生遭遇，纵由于“时运不济，命途多舛”，然而亦不能不怪其自身立意不坚，热衷名利，且又软弱怯懦，畏死贪生。

红豆生南国

黄宗羲《南雷诗历》《八哀诗（之五）》写道：“四海宗盟五十年，心期末后与谁传。凭裀引烛烧残话，嘱笔完文抵债钱。红豆俄飘迷月路，美人欲绝指筝弦。平生知己谁人是？能不为公一泫然。”

卿本佳人，奈何做贼！能不为公一泫然？

（岳超群）

萍踪离合之感 墟井盛衰之叹

——朱鹤龄《同里顾氏梅林记》

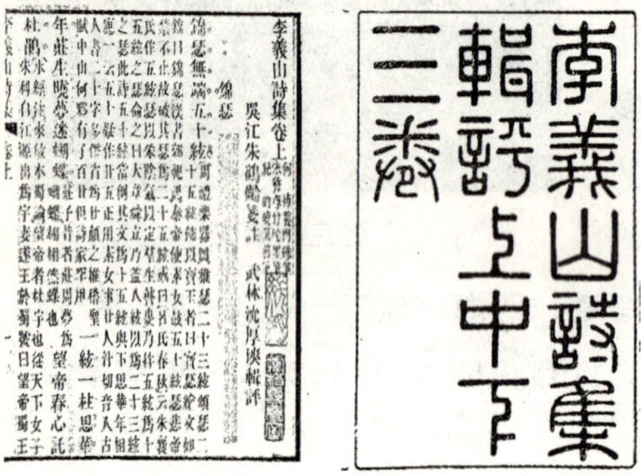

朱鹤龄《李义山诗集注》

同里,位太湖之畔,曾有“富土”之名,唐时改称“铜里”,至宋有今名,现属江苏吴江。明清之世,姑苏之地为江南鼎盛之区。康熙时沈寓曾说:“东南财富,姑苏最重;东南水利,姑苏最要;东南人士,姑苏最盛。”嘉庆时,有“人间都会最繁华,除是京师吴下有”之誉。清末龚自珍《己亥杂诗》中有诗句曰“三生花草梦苏州”,道得姑苏一切好矣。康熙二十二年(1683年),生于吴江的“海内四大布衣”朱鹤龄(其他三人为李忠孚、黄宗羲、顾炎武)辞世,年78岁,距明亡约40年。朱氏,字长孺,聪颖嗜学,通经学,长考述,于唐诗尤爱杜甫、李商隐,有《杜甫辑注》《李义山诗集注》行世。明亡之后,朱鹤龄不仕新朝,隐身市井,时人称其“鼎革后,屏居著述。晨夕一编,行不识途路,坐不知寒暑。人或谓之愚,遂自号‘愚庵’。”古人之隐,有隐于道禅、隐于诗酒、隐于医卜者。鹤龄之隐,乃隐于著述,以此为易代之际全身之道,也由此存一人之文字、一代之心史。曾自谓“疾恶如仇,嗜古若渴。不妄受人一钱,不虚诳人一语”。实为其所自号“愚庵”之“愚”暗下脚注。《同里顾氏梅林记》作于易代之后,寥寥数百字,唱叹生情,动读者之心魄:

同里环湖泊之秀,多故家士族。元末倪元镇、杨廉夫辈尝游憩其地,遗迹至今存焉。东偏有园林一区,故顾氏之居也。老梅铁干几二百株,中有高丘矗上,可十余丈。登其巅,则庞山、九里诸湖皆在指顾,

清文

风帆、沙鸟灭没烟波，郫坞、竹树历历可数。当花发时，高高下下，弥望积雪，清香闻数里外。

朱鹤龄《愚庵小集》

明清更替之时，曾被想象为“富贵温柔”“烟柳脂粉”之地的江南，做了最为惨烈的抵抗，南明的小朝廷也因江南一线的支持，才能在风雨飘摇中支持残山剩水数十年。明亡于清，不仅仅是朝代之间的权力更替，也是满汉之间的文化冲突。对于江南的士人而言，异发异装的异族文化尤其难以接受。故而，在对过往的回眸中，总能感受到，江南士人物是人非的感慨。吴下多故家士族，文化之风兴盛。《苏州府志》说：“当赵宋之时，俗丕变，有胡安定、范文正之遗风焉。即后礼义渐靡，而前辈名德，以身率先，又皆以文章振动后生，文词动师古昔，而不梏于专经之陋，矜名节、重清议，下至布衣韦带之士，皆能摛章染墨，其俗甚美。”清兵入江南后，对曾顽强抵抗的江南地区施以报复，许多被裹挟入时代巨变的个人、家族遭到冲击，乱世流散。魏禧曾描述江南扬州一代的惨状说：

五代·李成进《读碑窠石图》

寇兵所蹂践，其夫妻子母死亡离散不相保聚者十之五六；无衣食饥寒死、垂死者，十七八矣。江南号称乐土，然民困赋役，不啻十室而五。而扬之下县，七年被水灾，民死亡殆尽。前八月，予之兴化省李廷尉疾，舟百里行田中，茫洋若大海无畔。其不能去者，则蹑板而炊，妇稚赤裸相向而立，拾螺蛤于泥中。舟子言如是者数州县，凡千数百里也。

江南残破之状，魏禧绘之如在目前。与魏禧写当日之痛不同，朱鹤龄此文作于乱定之后，欲以个体的经历与感受，写江南的变化与人事的萍寄流转。痛定思痛，则未痛之昔，尤令人回味。朱氏遂自往昔的繁盛入笔，由今昔巨变的对比，突显个体的感慨：

梅　花

居其侧者，章子两生、顾子仲容。余昔寓同里，与二子为文酒会，晨夕过从。每至春日暄妍，香风馥郁，必提壶造其地，痛饮狂歌，不烛跋不止，翩翩致足乐也。不十余年，仲容举进士，宦游去。余复徙居邑城，键户不出。萍踪离合，感慨系之，盖不过梅林者三十余年矣。

今春避兵，栖泊兹土，因与两生至其处，则园林已数易主矣。东阡西陌皆非旧径，惟老梅尚存百余株，亭亭发秀，冷艳迎人。鼻观嫣香，沁入肺腑，慨然与两生追数旧游，恍如噩梦。自变故以来，风俗之古今、墟井之盛衰、友朋之生死聚散，其尚有可问者乎？当日与里中数子对案操觚，飞扬跋扈之气不可遏抑，而今于何有？素发历齿，已亦自憎其老丑，而况后生乎？计自兹以往，或十年，或二三十年，此老梅必尚有婆娑如故者，而吾与子安得西山之药，驻颜续算？然则人寿之不如草木者多矣，而犹不深省于石火电光之说，岂非庄生之所大哀乎？

曾经放歌痛饮、把臂同游的友人，因时代之变与个人选择之异而东西散去。欢乐之时，本以为此乐当不老不休、不死不止，但不过十年，即曲终人散，而世事亦沧海桑田。能在乱世中，不变如往日者，只有故园边的百株老梅。如此，梅花是有情之物，抑或无情之物？老梅婆娑如故，昔日的红颜少年，已头童齿豁，为鸡皮鹤发的老人。如此，生为有情之人，是幸运，抑或不幸。人生不及百年，庄子哀叹石火电光、白驹过隙，而真正明白庄子深意的又有几人？对于以文化遗民自许的朱鹤龄而言，虽明了庄周之叹，又岂能真正忘怀生活于其中的有情世间：

北宋·许道宁画作

请与老梅约：嗣后每岁花发时，吾两人必携豚蹄，载醇酎，狂歌痛饮，追复旧欢；送皓魄于夕阳，依清棻而发咏；以嬉暮齿，以遣流光。梅花有灵，当必一笑而许我也。

虽然，今日的江南、今日的同里，风俗、墟井具非往日之貌。昔日的友朋，有或夭，或寿而同化为鬼物者；有出处选择不同，相忘于江湖者。但与章两生的相遇，依然让朱鹤龄有知己相得之感。同游旧园，人已老，梅花似亦老，人生至此，能安慰此乱世苦魂的，恐怕只有这份难得的相遇、相知。与老梅相约，是因为老梅见证了同里曾经的人文之盛，也见证了白发满头的朱鹤龄、章两生曾经的慷慨兴会。老梅久经寒暑，犹每岁花发，则老梅不老。由此，老梅之不老，即人生之豪情不老，人生所持守之价值不老。虽人生无常、世事难料，虽百年过隙、红颜易老，又于我有何哉！

（刘　顺）

浩然正气　常留天地

——全祖望《梅花岭记》

全祖望（1705—1755）

全祖望（1705—1755年）清代学者、文学家。字绍衣，号谢山，学者尊称为谢山先生，鄞州（今浙江宁波）人。全祖望上承清初黄宗羲经世致用之学，勤奋攻读，博通经史，为清代浙东史学名家。他“负气忤俗”，“其学渊博无涯”（李元度《全谢山先生事略》）。全祖望尤多留意于南宋和晚明文献，虽贫病而著述不辍。他37岁时三笺《困学纪闻》，42岁时补辑《宋元学案》，45岁至48岁的晚年仍朝夕不倦地七校《水经注》，临终前还自编文集。全祖望生活的时代，整个社会弥漫着一股空疏不实的学风。清初稽古洽闻之士，至康熙中叶凋零殆尽。鉴于当时学人有多从事帖括之业或辞章之学的弊病，他发出“求其原原本本，确有所折中而心得之者，未之有也”（《鲒埼亭集·翰林院编修赠学士长洲何公墓碑铭》）的感叹。这一时期程朱理学占据学术主流，但那些自命为朱学的人，议论迂阔陈腐，只知“奉章句传注而墨守之，不敢一字出于其外”，结果形成“朱学反自此而晦”（《鲒埼亭集外编·横溪南山书院记》，以下书名省略）的局面。而社会上流行的陆王心学，则往往“高谈性命，直入禅障，束书不观，其稍平者则为学究，皆无根之徒耳”（《外编·甬上证人书院记》）。全祖望试图扭转这种学术风气，严厉批评宋元以来“门户之病，最足锢人”的弊端（《外编·杜洲六先生书院记》），确立了学贵自得、融会百家的治学宗旨。

全祖望所处时代，正是清代康雍乾三朝，可以说是清代统治者一贯企图压制消灭汉族知识分子的民族意识和民族气节的时代。当时，大兴文字狱，迫使学者不得不转事考证工作。全祖望富有爱国思想，虽曾补辑黄宗羲的《宋元学案》，编成百卷，七校《水经注》，三笺《困学纪闻》，并卓有成就，但终非夙愿；虽曾因文章有“为我讨贼清乾坤”句，以“贼”字在“清”字上，被下狱治罪，经人营救才得脱祸，但忠君爱国的思想，并未因此稍减。一生精力，集中于撰写表彰明季忠义的文章，其中以《梅花岭记》等为代表。

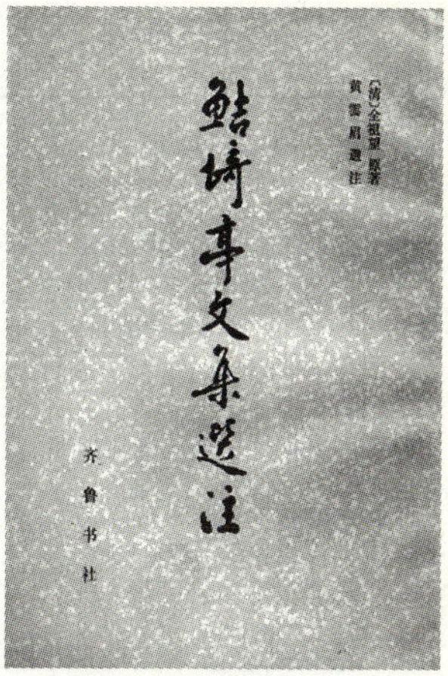

黄云眉《鲒埼亭文集选注》

《梅花岭记》选自《鲒埼亭集》外编，有删节。梅花岭在扬州广储门外，根据清代《嘉庆重修府志》记载：“万历二十年，扬州守吴秀浚河积土，环树以梅，因名梅花岭。”明末史可法守扬州，城陷殉国，“越十余日(副将军)德威寻公尸，腐变不可识，(因遵忠烈遗言，我死当葬梅花岭上)，奉公袍笏葬于岭”(谢启昆《史中正公祠记》)。全祖望受高度的忠君爱国的感情鞭策，明亡“百年而后，登岭上”，缅怀忠烈，而为是文，题名《梅花岭记》。

香雪海

从题目看，这似乎是一篇游记，显然是作者登临梅花岭，凭吊烈士墓，触发感慨而写的。然而，它实际不是一篇游记，作者没有记下自己的游踪，而是借登梅花岭，记叙有关明末民族英雄和爱国志士、烈女的事迹，旨在表彰他们的浩然正气。原文篇末中有“梅花如雪，芳香不染”二语，就是作者用梅花洁白清香来象征忠烈高洁的民族气节，抒发自己对忠烈崇敬的感情。原文以记史可法为主，其他英烈只稍带数笔。这篇节选只选了史可法殉难的有关部分，即殉难经过、影响及作者的评议，使文章材料集中、主题单一，而事迹感人，也能自成单篇。现将《梅花岭记》文摘录如下：

王秀楚《扬州十日记》

顺治二年乙酉四月，江都围急。督相史忠烈公知势不可为，集诸将而语之曰："吾誓与城为殉，然仓皇中不可落于敌人之手以死，谁为我临期成此大节者？"副将军史德威慨然任之。忠烈喜曰："吾尚未有子，汝当以同姓为吾后。吾上书太夫人，谱汝诸孙中。"

二十五日，城陷，忠烈拔刀自裁。诸将果争前抱持之。忠烈大呼德威，德威流涕，不能执刃，遂为诸将所拥而行。至小东门，大兵如林而至，马副使鸣騄、任太守民育及诸将刘都督肇基等皆死。忠烈乃瞠目曰："我史阁部也。"被执至南门，和硕豫亲王以先生呼之，劝之降。忠烈大骂而死。初，忠烈遗言："我死，当葬梅花岭上。"至是，德威求公之骨不可得，乃以衣冠葬之。

或曰："城之破也，有亲见忠烈青衣乌帽，乘白马，出天宁门投江死者，未尝殒于城中也。"自有是言，大江南北遂谓忠烈未死。已而英、霍山师大起，皆托忠烈之名，仿佛陈涉之称项燕。吴中孙公兆奎以起兵不克，执至白下。经略洪承畴与之有旧，问曰："先生在兵间，审知故扬州阁部史公果死耶，抑未死耶？"孙公答曰："经略从北来，审知故松山殉难督师洪公果死耶，抑未死耶？"承畴大恚，急呼麾下驱出斩之。

呜呼！神仙诡诞之说，谓颜太师以兵解，文少保亦以悟大光明法蝉蜕，实未尝死。不知忠义者圣贤家法，其气浩然，常留天地之间，何必出世入世之面目！神仙之说，所谓"为蛇画足"。即如忠烈遗骸，不可问矣。百年而后，予登岭上，与客述忠烈遗言，无不泪下如雨，想见当日围城光景，此即忠烈之面目宛然可遇，是不必问其果解脱否也，而况冒其未死之名者哉！

墓旁有丹徒钱烈女之冢，亦以乙酉在扬，凡五死而得绝，特告其父母火之，无留骨秽地，扬人葬之于此。江右王猷定、关中黄遵严、粤东屈大均，为作传、铭、哀辞。

顾尚有未尽表章者：予闻忠烈兄弟，自翰林可程下，尚有数人，其后皆来江都省墓。适英、霍山师败，捕得冒称忠烈者，大将发至江都，令史氏男女来认之。忠烈之第八弟已亡，其夫人自裁而死。时以其出于大将之所逼也，莫敢为之表章者。

鸣呼！忠烈尝恨可程在北，当易姓之间，不能仗节，出疏纠之。岂知身后乃有弟妇，以女子而踵兄公之余烈乎！梅花如雪，芳香不染。异日有作忠烈祠者，副使诸公，谅在从祀之列，当另为别室以祀夫人，附以烈女一辈也。

文天祥

文章破题峭峻突兀，气势非凡。开篇第一句即写“顺治二年乙酉四月，江都围急”，一个“围”字写出敌军重重包围，一个“急”字写出形势的险恶，让史可法一出场就处在这样生死存亡的紧急关头。当时，史可法孤军作战，已清醒地认识到“势不可为”。据《明史》记载，清兵迫近扬州时，福王酒醉歌迷，南明内部党争正酣，史可法飞章急告，要求粮饷，马士英拒不发给，以致“诸军皆饥”，史可法驰檄各镇请兵援救，均“逡巡无进师意”。史可法就是在这样孤立无援的情况下，面对四面围困的敌兵，忍辱负重，率领四千亲军殊死奋战，凭城困守。当城将陷时，他召集诸将，表明自己“誓与城为殉”的决心，然而又担心仓皇中落于敌手，祈请诸将帮他成就大节。当史德威“慷慨任之”以后，史可法对有人助他去死，露出欣慰的表情：在城池将陷，即将就义的时刻，一个“喜”字表现了他何等的气概！这集中地反映了史可法宁死不屈，视死如归的崇高精神。民族英雄文天祥在《正气歌》中有这么两句诗“时穷节乃见，一一垂丹心”。全祖望正是选择了清兵压境、扬州危急的时刻，在尖锐的斗争中去描写史可法的从容决策，去表现他置生死于度外的气节。这样的开篇确实是奇峰突起，读后使人对忠烈的气节景仰不已。

美·魏斐德
《洪业——清朝开国史》

第二段为入题处，遂正面描写史可法以身殉城的壮举：在城陷的关键时刻，他“拔刀自裁”，用行动证明自己是个“言必信、行必果”的血性男子。当诸将抱持时，他“大呼”德威，进一步表现史可法“誓与城为殉”的铁定想法。当德威泣不能执刃，大兵已如

明思宗殉国处

林而至，部下诸将又相继英勇牺牲时，面对大敌，史可法“瞠目”而视，他堂堂正正地自报将领身份，显示了英雄虽败而不馁，虽求速死而刚烈的精神。当和硕豫亲王劝他投降时，他“大骂而死”，凛然正气，力透纸背。这一段记叙史可法与敌人的正面冲突，侧重表现他舍生取义的声威仪态。虽寥寥数字，却生动传神，“宛然可见”整个场景慷慨悲壮，扣人心弦。

继之，作者又写种种传闻，从侧面多方烘托，使史可法的殉国壮举更显得光华四照。先是写“大江南北遂谓忠烈未死”的传说，表明人民对忠烈的怀念、崇敬和愿望。接着写英霍山师托忠烈之名起义抗清，既表现了史可法在人民中强烈的感召作用，也含蓄地表达了作者的观点——忠义者的正气永垂不朽，并为下段直抒胸臆做了铺垫。既而写孙兆奎起兵不克，被俘后与降清的洪承畴的一段对白，从正反两方面衬托史可法舍生殉国的伟大。孙兆奎面对死亡痛斥了洪承畴的变节行为，他不正面回答史可法果死未死的问题，而是明知故问督师松山的洪承畴果死未死，意味深长地表达了苟活的人虽生犹死的内涵。这自然是对洪承畴辛辣的讽刺，无怪洪承畴恼羞成怒，立斩孙兆奎。这段写孙兆奎的从容镇定、视死如归正衬史可法的忠义大节，及其对后来人的激励，以洪承畴的贪生丧节，反衬史可法舍生取义的可贵。对此，作者无一褒贬之词，却写得忠奸分明，爱憎之情溢于言表。

文章经过正面描写，侧面衬托、正反对比，史可法的高风亮节犹如烘云托月，显得格外光明绚烂。文章写到此，作者禁不住大发感慨，对历史上有关“兵解”“蝉脱”的诡诞之说表示否定，指出忠义圣贤的浩然之正气，必定“常留天地之间”。然后笔锋一转接到正题：写“予登岭”上的观感，既回应开篇“围城光景”，又表述了对史可法景仰之情，从而突出忠烈“浩然之正气，常留天地之间”的主题。

（李　勇）

如花美眷　似水流年　桃花扇底歌

——孔尚任《桃花扇·小识》

孔尚任字聘之，又字季重，号东塘，别号岸堂，自称云亭山人。山东曲阜人，孔子六十四代孙，清初诗人、戏曲作家，出身于清顺治五年。作为孔子的后人，自幼学习礼、乐、兵、农等学问。20岁左右，孔尚任考取县府学生员。后来还参加岁考，没有录取。在少年时代，孔尚任已对南明兴亡引起注意。这期间，他从亲友处采取轶闻，又从诸家记载中撷取史实，准备写一部反映南明兴亡的传奇。这就是《桃花扇》创作的酝酿时期。

孔尚任(1648—1718)

康熙二十四年(1685年)初，孔尚任进京，正式走上仕途。但是在为官的过程中，他看到了官吏的腐败、人民生活的疾苦。在江淮的几年间，孔尚任到南京明故宫，拜朱元璋的明孝陵，游秦淮河，登燕子矶，谒史可法衣冠冢。结交萃集在这些地方的明代遗民，比如冒襄、黄云、邓汉仪、许承钦、龚贤、石涛等人，谈古论今，过从密切，有时“所话朝皆换”，竟秘而不为“门外人道”。淮扬四年不仅是孔尚任对现实认识的深化时期，也是创作《桃花扇》最重要的思想和素材的准备时期。

康熙三十三年(1694年)，与顾彩合作完成了他的第一部传奇《小忽雷》，剧本虚实结合，为《桃花扇》的创作提供了艺术经验。

康熙三十八年(1699年)六月，孔尚任完成了他的传奇戏曲名著《桃花扇》。一时，“王公荐绅，莫不借钞”，歌台演出，“岁无虚日”。孔尚任与《长生殿》作者洪升一起，被称为“南洪北孔”。

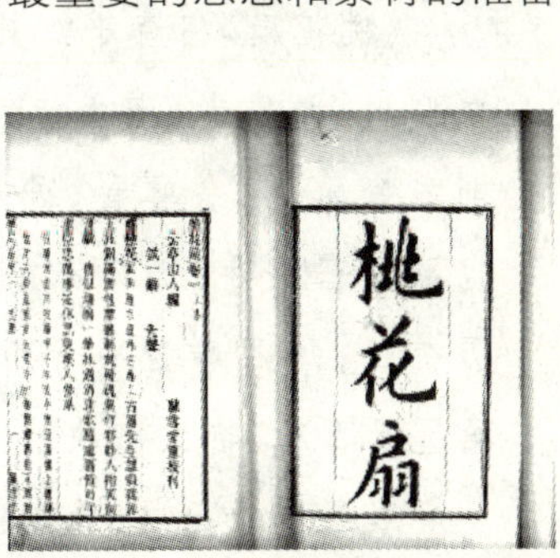

孔尚任《桃花扇》

《桃花扇》设定的背景为明末。复社文人侯方域避乱南京，结识了秦淮名妓李香君，并与其“梳栊”。阉党余孽阮大铖为了讨好侯方域，赠送一笔钱财给侯方域和李香君，作为两人成婚的妆奁。但被李香君识破，立即下妆却奁以还。阮大铖怀恨在心。甲申三月，李自成入京，崇祯自缢。奸臣马士英、阮大铖等即于南京迎立福王，改元弘光。阮大铖乘着左良玉移兵南京之时，陷害侯方域为良玉内应，迫使侯方域淮南投奔史可法，为之参赞军务，并强将李香君许配他人。李香君倒地撞头出血，雪溅扇子，后来被杨龙友以妙笔画为桃花，继而香君被软禁在宫廷。方域回到南京，与复社文人一起被阮大铖捕获，也锒铛入狱。不久清兵南下，弘光、马、阮出逃。方域出狱，随张瑶星往栖霞山。香君趁乱出宫，也随人入山。侯李二人在祭坛相遇，张道士以国恨、家恨之言点醒他们，二人双双入道。全剧在一派悲歌声中结束。

康熙四十七年(1708年)，孔尚任为《桃花扇》写了一篇小记，这就是《桃花扇·小识》。这篇小记写道：

传奇者，传其事之奇焉者也，事不奇则不传。

桃　花

《桃花扇》何奇乎？妓女之扇也，荡子之题也，游客之画也，皆事之鄙焉者也；为悦己容，甘剺面以誓志，亦事之细焉者也；伊其相谑，借血点而染花，亦事之轻焉者也；私物表情，密缄寄信，又事之猥亵而不足道者也。

《桃花扇》何奇乎？其不奇而奇者，扇面之桃花也；桃花者，美人之血痕也；血痕者，守贞待字，碎首淋漓，不肯辱于权奸者也；权奸者，魏阉之余孽也；余孽者，进声色，罗货利，结党复仇，隳三百年之帝基者也。帝基不存，权奸安在？惟美人之血痕，扇面之桃花，啧啧在口，历历在目，此则事之不奇而奇，不必传而可传者也。人面耶？桃花耶？虽历千百春，艳红相映。问种桃之道士，且不知归何处矣！

康熙戊子三月，云亭山人漫书。

小记开篇就抓住“奇”来做文章。因为流传下来的故事奇特，才能为后人称道。后面又连问二个“何奇乎”。第一个“何奇乎”，是从正面进行回答的，《桃花扇》怎么奇特。那把扇子是李香君（妓女）的扇子，侯方域（荡子）在上面题字，杨龙友（游客）又在扇子上画有桃花。为了保住名节，反抗田仰强娶，李香君倒地撞头出血。第二个“何奇乎”，由扇子上的桃花谈论到李香君，在讨论其守节不愿嫁给奸佞，继而论述到奸佞与国家的兴旺，由小见大，以点见面。百年之后，唯有“人面不知何处去，桃花依旧笑春风”，层层深入地指出了它“不奇而奇”的所在。文字简短，铿锵有力，语意含蓄。

《桃花扇》剧照

《桃花扇》通过侯、李的爱情线索，尤其是通过象征他们的爱情命运的一把扇子，把影响南明兴亡的历史有序地串起来。以侯方域和香君的遭遇为两条线索：通过侯方域活动的路线写出了南明草创及四镇内讧等重大事件和矛盾；通过香君备受欺凌，写出了弘光和马、阮之流倒行逆施、宴游偷安的腐败情形。“争斗则朝宗分其忧，宴游则香君罹其苦。一生一旦，为全本纲领，而南朝之治乱系焉。”以张道士撕扇，侯、李入道的爱情悲剧，来衬托国破家亡的严酷现实。作者把爱情描写和政治斗争紧密地结合起来，“借离合之情，写兴亡之感”。

孔尚任在《桃花扇》中描写人物，除了从一颦一笑中来描写之外，善于在重大的现实矛盾中展现人物性格，浓淡相宜，使得人物性格饱满，都具有独特的个性。同是妓女，李香君不同于李贞丽、卞玉京；同为艺人，柳敬亭不同于苏昆生、丁继之；同为武将，左良玉不同于高杰、贡得功；同为奸臣，阮大铖不同于马士英。表现了同一类型中不同人物的个性特点和一些复杂的性格。

孔尚任写的《桃花扇》无疑是成功的，但也有它的局限，他只是通过爱情故事来书写南明的兴衰，在当时的统治下，也不可能书写清军的暴行。300多年后，一位叫作顾城的历史学家，呕心沥血十多年时间，写成了一部影响史学界的巨著——《南明史》。

在《南明史》中，认为明清易代，是中华民族内部一个落后的、人数不多却又剽悍的满族上层人士勾结汉族中最反动的官绅地主，利用矛盾坐收渔翁之利。书中不仅鞭笞了朱由崧、朱常淓、朱由榔等南明统治者的昏庸懦弱，对一些直到现在仍备受人们景仰的人物，如史可法、何腾蛟、瞿式耜、郑成功都颇有微词。

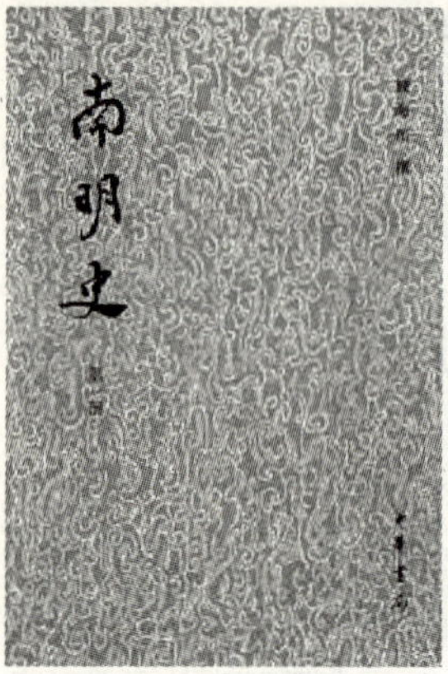

钱海岳《南明史》

例如，对于史可法，指责史可法在定策拥立上犯了关键的错误，指责他是错误的“联虏平寇”方针的主要倡导者和执行者，这一方针导致弘光政权的覆灭。本书强调指出，史可法除怀有门户之见外，缺乏雄才大略和果断魄力。夏完淳就明确说过：“史道邻清操有余而才变不足”，“用兵将略非道邻所长”。郑廉认为史可法，“为人廉谨无大略，特治世之良臣，遇变则信国、叠山俦耳。其于驾驭笼络，应机济变，非其所长”。然而历史的发展却将可法推到了权力中心、救国领袖的位置。他的个人素质与他承担的任务不相适应。这是一个悲剧，既是南明的悲剧，也是史可法个人的悲剧。

明朝灭亡之后，虽然抗清斗争持续不断，但是大部分汉族官绅，如吴三桂、尚可喜，甚至是衍圣公孔府，已经顺从清朝，接受了清代的剃发易服，成为清朝的臣子。历来嘲笑“商女不知亡国恨，隔江犹唱后庭花”，反观钱谦益等人，尚不如柳如是等商女，还有什么资格去嘲笑这些生活在社会底层的人呢？

（张　航）

肝胆铁石铸　大义文间行

——方苞《左忠毅公逸事》

方苞(1668—1749年)清代散文家。字凤九、灵皋,号望溪,安徽桐城人。早年刻苦攻读,文章曾得到当时文渊阁大学士李光地的赏识,渐有声望。康熙四十五年(1706年)中进士,五年后因戴名世"南山集"案受牵连下狱。后被康熙特赦,曾任武英殿修书总裁,历官内阁学士,礼部右侍郎。他是清代散文流派"桐城派"的创始人,为文讲究"义法"。"义"即"言有物","法"即"言有序"。语言风格追求"雅洁"。所作散文,多为经说及书序、碑传一类,立意明确,结构严谨,语言简洁。《左忠毅公逸事》是方苞文集中较为出色的文章。

左光斗(1575—1625年),字遗直,号浮丘,明桐城人。万历中与杨涟同举进士,曾任左佥都御史,为人刚直敢言。杨涟劾魏忠贤二十四大罪状,左力赞之,自上疏陈魏三十二斩罪。天启五年(1625年)与杨涟同被诬陷下狱,受尽酷刑,终死狱中。

史可法衣冠墓

史可法(1601—1645年)字宪之,号道邻,明末河南祥符(今开封)人。崇祯元年进士。

左光斗祠

忠毅公是左光斗死后由朝廷追赠的谥号。在封建社会中,凡朝廷大臣或社会知名人士死后,朝廷根据他生前的表现和贡献,给予"谥号"。"逸事"又写为"轶事"或"佚事",指的是为正史书所不载的事,也就是散失了的事迹。这些事迹一般比较琐碎,但能说明被记者的品质、性格等。

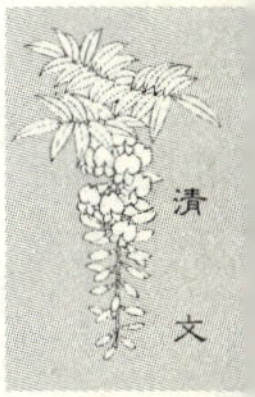

明代自成祖开始，宦官干预政治，为祸愈演愈烈。熹宗为皇太孙时，魏忠贤导以宴游，甚得他的欢心。熹宗即位后，魏又勾结熹宗的乳母客氏，由是得以把持朝政，自称“九千岁”。魏又亲自掌管当时的特务机关东厂（“下厂狱”的“厂”），动辄假借皇帝名义逮捕朝廷官员，排除异己。

天启四年（1624年）六月，左副都御史杨涟弹劾魏忠贤二十四大罪，认为“寸脔忠贤，不足尽其辜”。魏忠贤十分惶恐，泣诉于熹宗，客氏又从中委曲调停，结果杨涟反遭斥责。左光斗又随后上书，劾魏忠贤三十二斩罪。熹宗俱不听。次年，魏忠贤指使党徒诬陷杨涟、左光斗，说他们接受辽东经略熊廷弼的贿赂，为他祈求减罪。七月，下杨、左等人于狱；八月，在狱中杀害了他们，决熊廷弼于市。

锦衣卫

《左忠毅公逸事》记叙了左光斗逸事两则：一写他任学政，选拔史可法的经过，显示他爱惜人才、知人善任的远见卓识；一写他在狱中怒逐史可法的情景，突出他轻于个人生死、唯念国家安全的高风亮节。荣居高位时，他不辞辛劳，广泛罗致人才，是为了国家需要；身陷囹圄时，他怒逐学生，竭力留存精英，是虑及国家前途。深沉的爱国精神贯串前后、映照全篇。

明熹宗朱由校

及左公下厂狱，史朝夕狱门外。逆阉防伺甚严，虽家仆不得近。久之，闻左公被炮烙，旦夕且死，持五十金，涕泣谋于禁卒，卒感焉。一日，使史更敝衣，草屦，背筐，手长镵，为除不洁者，引入。微指左公处，则席地倚墙而坐，面额焦烂不可辨，左膝以下筋骨尽脱矣。史前跪抱公膝而呜咽。公辨其声,而目不可开,乃奋臂以指拨眦,目光如炬,怒曰:"庸奴!此何地也,而汝来前!国家之事糜烂至此,老夫已矣,汝复轻身而昧大义,天下事谁可支拄者?不速去,无俟奸人构陷,吾今即扑杀汝!"因摸地上刑械作投击势。史噤不敢发声,趋而出。

桐城左光斗墓

史可法探监时,先一眼瞥见的是左光斗"席地倚墙而坐,面额焦烂不可辨,左膝之下筋骨尽脱"的伤残形象。重刑之下,仍不向阉党低头,左光斗宁折不弯的浩然正气,令人起敬。其后,史可法前跪,抱公膝呜咽失声时,看到的是左光斗一连串强烈的反应:"奋臂""拨眦""目光如炬""怒曰""摸地上刑械""作投击势"。"奋臂"可见左光斗举手的艰难。"奋臂"是为了"拨眦",因受酷刑,目已不能开,但听见史可法哭声,仍挣扎着想睁开眼睛看个分明。待到证实确是史可法时,便是火一般燃烧的灼灼目光的逼视,便是一席言辞铿锵、掷地有声的训斥。对阉党的愤慨、对国事的忧虑、对晚辈的挚爱充溢情怀。唯恐史可法不忍迅速离去还"摸地上刑械作投击状",催逼史可法速行。左光斗几经酷刑,身陷绝境,能与史可法相见,当有许多肺腑之言需要倾吐,然而他毫不顾惜个人生死荣辱,唯以国事为念,这是何等高尚的情操、何等刚毅的性格!睹其容颜,闻其言辞,见其举止,顿觉一个铁骨铮铮、碧血丹心的忠烈形象卓然而立,光彩照人。史可法追忆此事时赞扬左光斗"吾师肝胆,皆铁石铸也",说的也正是这个意思。

明朝熹宗天启年间,统治阶级内部党争愈演愈烈,宦官魏忠贤专政擅权,陷害忠良,荼毒人民。当时东林党人杨涟因为上疏弹劾魏忠贤二十四大奸恶,被锦衣卫缇骑逮捕;左光斗等人也因上疏陈魏忠贤三十二斩罪同被诬陷下狱。一时东厂特务暗探四处密布,钩党之捕遍于天下。身陷冤狱的左光斗对当时的政治斗争形势仍深为关切。左光斗自度终无生还之希望,唯期史可法等人奋发有为,能有朝一日翦灭魏逆,伸张大义于天下,力挽狂澜于既倒,振兴社稷。如果说当年左光斗擢拔史可法于寒门时已将史可法视作"继吾志事者",那么经过多年提携栽培,左光斗更把史可法看成是"支拄天下事者"。现在,左光斗突然见

史可法前来探视，立即感到这会给魏忠贤等人罗织罪名加害史可法以可乘之机，因此厉声斥责，将史可法逐走。史可法对左光斗这一番大义凛然的教导心领神会，顿时悟到老师的良苦用心，深感自己思虑不周，忍痛离去。左光斗狱中怒逐史可法这一举动形似不近人情，实则蕴含着左光斗对史可法真诚的爱护与殷切的期望，充分表现了左光斗对国事的关切和他与史可法之间的真挚情谊。

这篇简短的记叙文章，语言十分精练，在简短的语句中凝聚着深厚、强烈的感情。文章写左光斗从发现人才到选拔人才，只用了89个字，情况交代得非常清楚，人物的言语、举止、心情无不毕现。以发现人才的一段文字为例，共有四层意思，才用47个字：第一层交代天气、出行的特点和所到之地；第二层写左光斗所见，点明史可法寄身古寺，刻苦攻读；第三层写左光斗欣赏史可法的才华，倍加爱惜；第四层是补笔，“叩之寺僧”说明左光斗用心之细和印象之深。短短的一段文字，不仅写明了一个完整的过程，甚至连“解貂”“掩户”之类的生动细节也都点染出来。在用字上尽量选择富有表现力的字眼，比如：“即解貂覆生”的“即”说明时间之短，不假思索，不顾自身寒冷，而解貂裘覆盖这个素不相识的书生，充分反映了左光斗“惜才”之深。又如：“为掩户”（“为之掩户”的省略），这和“掩户而去”是完全不同的。“为”字点出行为的目的，说明了“掩户”是为了保护史生，突出了左光斗体贴史生的心情。

行文的严谨也表现在文章内部的呼应上面。文章带有关键性的一句是“维吾志事”，这句话表明左光斗不仅以身许国，而且思虑深远，想到如何后继有人。这话是在初识史可法之后讲的（“继吾志事，惟此生耳”），和左光斗在狱中说的话：“老夫已矣，汝复轻身而昧大义，天下事谁可支拄者”是相呼应的。写到奉檄守御时，史可法的行动和他说的“吾上恐负朝廷，下恐愧吾师也”，也同“继吾志事”遥相呼应。这是行文严谨的表现。

（张迪平）

腹有诗书气自华:读书养气

东坡曾言“人生识字忧患始”,此自非于人生无体贴、无感悟者所能道。人生识字则智识渐开;智识渐开,则生命的缺欠之感亦由之而增。其所欲者或为有形之物,或为无形之物,有求得而愿足者,有求得而愿益不足者,亦有终不能求得者——人生识字遂衍生出如许之苦。然人生若不识字,则懵懂一世,竟不知世界如许之大,亦不能破时空之隔碍,知天地古今之人事,则人生岂不若蛙居井中乎?故而,唯有读书,天地之大、古今之久、物象之伙、人事之繁方能了然于心,人生由此滋生无穷意味。人生得诗书滋养,可增见识、明事理、解人情,鄙悖之气亦由之而消,居移体,养移气,人生而可不读书乎?

诗书不醉人自醉　我心与世两相忘

——郑日奎《醉书斋记》

郑日奎是清初的文学家和文论家，由于明末清初的社会变革，对当时的文学思想和文论产生了重要的影响。郑日奎爱书，更喜爱读书。刘伶醉酒，他却醉于书。因此，他的书斋名字，可谓是别出心裁，名曰“醉书斋”，并撰写《醉书斋记》一文，说明书斋名字的来历。

文章开篇并不说自己如何喜爱读书，而是将书斋的地理位置和摆设简单介绍一下：

> 于堂左洁一室，为书斋，明窗素壁，泊如也。设几二：一陈笔墨，一置香炉、茗碗之属。竹床一，坐以之；木榻一，卧以之。书架书筒各四，古今籍在焉。琴磬尘尾诸什物，亦杂置左右。

一个书斋，布置得如此雅致。没有华丽的陈设，只有两张案几、一床、一榻、放书的书架和书籍等，再有琴磬尘尾等物件，愈发将书屋的主人描写得淡泊无欲望，虽然明窗素壁，但是让人怡然自得。处于这样的书屋之中，郑日奎自然手不释卷：

雍正帝读书图

> 甫晨起，即科头拂案上尘，注水砚中，研墨及丹铅，饱饮笔以俟。随意抽书一帙，据坐批阅之。顷至会心处，则朱墨淋漓渍纸上，字大半为之隐。有时或歌或叹，或哭或泣，或怒骂，或闷欲绝，或大叫称快，或咄咄诧异，或卧而思，起而狂走。家人瞷见者悉骇愕，罔测所指。乃窃相议，俟稍定，始散去。

清文

身处书屋之中，郑日奎的一天是充实的，从书中得到的乐趣是无法用言语表达出来的。早起穿戴不整齐就将读书所需的东西准备好，“饱饮笔以俟”。读书读到会心处，就会批注，使得书中的大半字迹都看不清了。除了批注之外，郑日奎看书恣意徜徉，“有时或歌或叹，或哭或泣，或怒骂，或闷欲绝，或大叫称快，或咄咄诧异，或卧而思，起而狂走”，让家人和仆人们“悉骇愕”，等到郑日奎安静下来，才离开散去，虽然着墨不多，却将一个看书用心、思考至深的学者勾勒出来。

自古以来，读书用心之人，凡是读到情不自禁的时候，都会出现一些不寻常的动作和言语。比如，宋代的苏舜钦，留下了“《汉书》下酒”的佳话。据说他在杜衍家读书的时候，每天不要米饭和菜，只要一斗酒。杜衍认为这种行为很反常，每天喝酒不吃饭怎么能行，就派家中子弟秘密去察看苏舜钦为什么会有这样的奇怪要求，仆人只听得他在高声朗读《汉书·张良传》，读到“良与客狙击秦皇帝，误中副车”一句时，苏舜钦以手拍桌，叹惜道：可惜呀，没有击中！于是满饮一大杯。读到“良曰：‘始臣起下邳，与上会于留，此天以臣授陛下’”一句时，又拍案说：君臣相遇，其难如此！说完，又喝了一大杯酒。杜衍听说此事后，大笑道：“有这样的下酒菜，每天喝一斗酒实在是不多啊！”郑日奎又写自己看书时的忘乎所以：

> 婢子送酒茗来，都不省取。或误触之，倾湿书册，辄怒而加责，后乃不复持至。逾时或犹未食，无敢前请者，惟内子时映帘窥余。得间始进，曰：“日午矣，可以饭乎？”余应诺。内子出，复忘之矣，羹炙皆寒，更温以俟者数四。及就食，仍挟一册与俱，且啖且阅。羹炙虽寒，或且味变，亦不觉也。至或误以双箸乱点所阅书，良久，始悟非笔，而内子及婢辈罔不窃笑者。

婢女送来酒和茶，郑日奎都记不得端来喝，不小心打翻弄湿了书册，看到心爱的东西被这样糟蹋怒火中生。且经常忘记吃饭的时辰，即便妻子多次告知郑日奎，已经是吃饭的时辰了，可是等到妻子出去了，又忘记了，妻子只能将饭菜热了几次。更让人忍俊不禁的是，郑日奎竟然将一双筷子在读的书上乱点画，过了许久才醒悟过来不是笔。

其实，人但凡遇到自己喜爱的东西，专心一意，全神贯注，只要沉迷其中，便会忘记其他的事。《论语·述而》中就有记载："子在齐闻韶，三月不知肉味，曰：'不图为乐之至于斯也'。"《史记·孔子世家》中也记载了此事，还记载了孔子向师襄学琴的故事：

> 孔子学鼓琴师襄子，十日不进。师襄子曰："可以益矣。"孔子曰："丘已习其曲矣，未得其数也。"有间，曰："已习其数，可以益矣。"孔子曰："丘未得其志也。"有间，曰："已习其志，可以益矣。"孔子曰："丘未得其为人也。"有间，有所穆然深思焉，有所怡然高望而远志焉。曰："丘得其为人，黯然而黑，几然而长，眼如望羊，如王四国，非文王其谁能为此也！"师襄子辟席再拜，曰："师盖云《文王操》也。"

孔子向师襄学习弹琴，学了数十天之后，没有增学新曲子。师襄子说："可以学些新曲了。"孔子说："我已经熟习乐曲了，但还没有熟练地掌握弹琴的技法。"过了些时候，师襄子又说："你已熟习弹琴的技法了，可以学些新曲子了。"孔子说："我还没有领会乐曲的意蕴，还不可以学新曲。我还没有体会出作曲者是怎样的一个人。"过了些时候，孔子肃穆沉静，深思着什么，接着又心旷神怡，显出志向远大的样子，说："我体会出作曲者是个什么样的人了，他的肤色黝黑，身材高大，目光明亮而深邃，好像一个统治四方侯的王者，除了周文王又有谁能够如此呢！"师襄子恭敬地离开座位给孔子拜了两拜，说："我的老师原来说过，这是《文王操》呀。"

杭州东方文化园孔子青铜铸像

萧玉田《陶渊明画像》

对于音乐，孔子钻研到如此地步，不仅熟习乐曲，熟练掌握弹奏的技法，更重要的是能够从中领会乐曲的意蕴志向，甚至体会到了乐曲作者之为人。看来，对于至美的音乐，孔子“三月不知肉味”绝不是夸张之辞了！陶渊明的《五柳先生传》中也写道：“好读书，不求甚解，每有会意，便欣然忘食。”所以朱熹在评论“三月不知肉味”的时候曰：“盖心一于是，而不及乎他也。”

除了忘记吃饭，经常出洋相之外，郑日奎也从仆人的表现和平时与人的交往等侧面来烘托本文：

夜坐，漏常午，顾僮侍，无人在侧，俄而鼾震左右，起视之，皆烂漫睡地上矣。客或访余者，刺已入，值余方校书，不遽见。客伺久，辄大怒诟，或索取原刺，余亦不知也。盖余性既严急。家中人启事不以时，即叱出，而事之紧缓不更问，以故仓卒不得白。而家中盐米诸琐务，皆内子主之，颇有序，余以是无所顾虑，而嗜益僻。

《刘伶醉酒图》

读书读到深夜，偶然看见仆人不知哪里去了，一会听到打呼声，才知道仆人们困得都躺下睡觉了。客人前来看望郑日奎。名帖送进去后，碰上郑日奎正在校读书籍，他没有立即出去会见客人。客人等郑日奎太久，就非常生气责骂起来，要回他的名帖，郑日奎也不知道。出现这种情况，郑日奎认为是自己性情急躁，不问事情轻重缓急。妻子将家中的事安排得井然有序，这加重了郑日奎嗜书的癖好。因为这些事情，郑日奎有一天突然悔悟：

他日忽自悔，谋立誓戒之，商于内子。内子笑曰：“君无效刘伶断饮法，只赚余酒脯，补五脏劳耶？吾亦惟坐视君沉湎耳，不能赞成君谋。”余惝然久之。因思余于书，洵不异伶于酒，正恐旋誓且旋畔；且为文字饮，不犹愈于红裙耶！遂笑应之曰：“如卿言，亦复佳。但为李白妇、太常妻不易耳！”乃不复立戒，而采其语意以名吾斋，曰“醉书”。

郑日奎打算发誓戒掉嗜书的毛病，就同妻子商量。妻子笑着说：“你不会是仿效刘伶戒酒的方法，只不过是要骗得我的酒肉，弥补五脏的辛劳吧？我也只能坐看你沉湎在书籍之中，而不能够帮助你实现你的打算。”郑日奎惊疑了很久，于是想到他对书确实同刘伶对酒没有差别，正担心刚发誓随即就要违背；况且他认为自己嗜好的是诗文，不比沉溺于女色要好吗？于是她笑着回答说：“像你说的，原来沉湎于诗文也是很好的。”于是郑日奎不再提戒掉嗜书，而是采用她的语意来为他的书斋起名，叫作“醉书斋”。

文章至此，虽已结尾，且用三个典故，才将书屋命名为“醉书斋”的原因娓娓道出，不似其他文章，一开始就阐释书屋命名的原因。反其道行之，确实让人耳目一新。刘伶为何人？魏晋时期“竹林七贤”之一，平生嗜酒，常醉如烂泥。有一次向妻子要酒喝，妻子把酒器毁了，劝他戒酒。他说行啊，只是要向鬼神发誓。妻子连忙具酒肉祝鬼神，刘伶跪下来祈祷说：“天生刘伶，以酒为名。一饮一斛，五斗解酲。妇人之言，慎不可听！”仍饮酒吃肉，大醉。唐代大诗人李白好饮酒，有《赠内诗》曰：“三百六十日，日日醉如泥。虽为李白妇，何异太常妻。”太常妻又是何典故？东汉周泽为太常，经常卧病斋宫。其妻怜悯他的身体，去看望他，他大怒，以妻子干犯斋禁，竟送交诏狱谢罪。时人讥曰：“生世不谐，为太常妻。一岁三百六十日，三百五十九日斋”，又说他“一日不斋醉如泥”。可见，作为一位有特殊爱好的文人的妻子，是多么的困难！同时，也足见作者对妻子的感情至深。

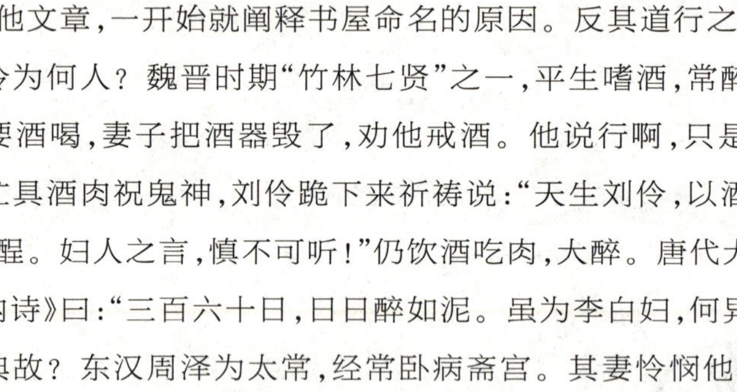

《南生鲁四乐图·醉吟》

古人除了让书斋具备读书学习的功能外，还巧妙地赋予了书斋更多的功用。或借书斋表其情，达其意；或借书斋抒其愤，发其悲；或借书斋论其理，述其悟。因此，文言文中的书斋内更多的不是如何藏书、怎样读书，而是朝暾夕月、落崖惊风、悲欢离合、世相百态、人生哲理、宦海感悟、社会现实。而本文却通篇极力渲染一个“醉”字，把书斋主人陶醉于书的痴态、狂态、废寝忘食乃至忘乎所以的情状刻画得惟妙惟肖。所记都是真情实事，看似信手拈来，却能一丝不乱，笔到意到神到，其事令人忍俊不禁，其人也令人喜爱，迂态可掬。

（张　航）

著文章享来者　存高义于永世

——方苞《送左未生南归序》

方苞，字灵皋，亦字凤九，晚年号望溪，亦号南山牧叟。汉族，安徽桐城人，生于江宁府。与明初大思想家方以智同属“桂林方氏”大家族。是清代散文家，桐城派散文创始人，与姚鼐、刘大櫆合称桐城三祖。

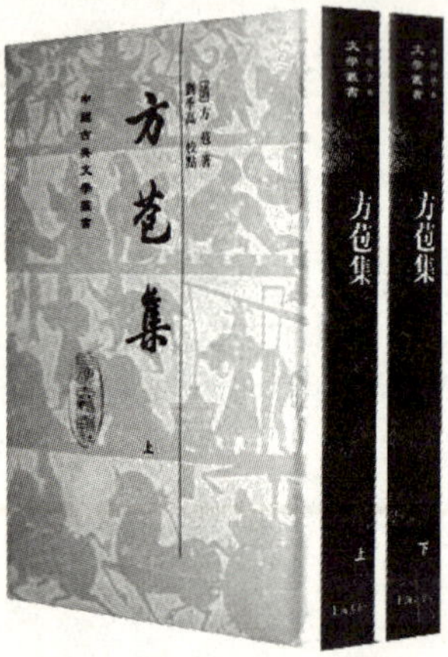

《方苞集》

方苞自幼聪明，4岁能作对联，5岁能背诵经文章句。其幼年有一趣事，虽附会程度较大，但也从侧面看出了方苞的聪明。故事说道：方苞小的时候聪明异常，四五岁能对对子、朗诵文章句子。在五月农忙的时候，方苞在田野中玩耍，此时，乡里的男女老少都在拔秧、插秧。田头一个拔秧的农夫一边用稻草捆秧，一边念道：“稻草扎秧父抱子。”说完这句，农夫偶然间抬头，见是一小孩站在这里，就笑着问方苞：“你能对出下联吗？”方苞于是认真地思考到：稻草，父也；秧，子也。他见不远处的竹林里，几个妇女正把竹笋投入竹篮里，立马就对出了下联：“竹篮装笋母搂儿。”农夫大吃一惊，这么小的孩子反应如此之快，对仗如此之严谨，真是个“神童”。

方苞在24岁的时候，到北京城并且进入国子监，以文会友，名声大振，被称为“江南第一”。当时的大学士李光地称赞方苞文章是“韩欧复出，北宋后无此作也”。将方苞誉为“韩愈和欧阳修再世，文章也是北宋之后少有的”，可见评价之高。康熙四十五年（1706年）考取进士第四

国子监

名。但由于他的母亲生病，他只能回家，因此没有参加殿试。康熙五十年（1711年）的时候，由于左都御史赵申乔向康熙举发翰林戴名世（人称戴南山）的作品《南山集》"狂妄不谨""语多狂悖"，史称"南山案"。戴名世被凌迟处死，戴氏家族凡男子十六岁以上者立斩，女子及十五岁以下男子发给清朝功臣家做奴仆。同乡方孝标曾提供参考资料《黔贵记事》，也和戴名世同样治罪；戴氏同族人有职衔者，一律革去；方苞因为为这本书作序而受到牵连，与汪灏、王源等被处斩刑。因《南山集》受到牵连的有三百多人。文字狱虽自古有之，但是清代尤为严重。主要原因是清朝的统治者是异族，为了宣告自身统治的合理性，压制汉人的民族反抗意识，树立清朝统治的权威。"明史案"中，"主犯"庄廷陇虽然已经去世多年，但照大逆律剖棺戮尸，另有数百人受牵连发配充军。凡是为这本书写序的、校对的，甚至卖书的、买书的、刻字印刷的以及当地官吏，都在杭州弼教坊同时或凌迟，或杖毙，或绞死。

桐城一景

所幸，方苞后来由于重臣李光地的营救，得康熙皇帝亲笔批示"方苞学问天下莫不闻"，遂免死出狱。在狱中两年，他仍坚持著作，著成《礼记析疑》和《丧礼或问》。

康熙五十八年（1719年），方苞挚友左未生北上探望他。此时方苞已经被释放了6年，并且以平民身份入南书房做皇帝的文学侍从，后来又移到养蒙斋编修《乐律》。两人相聚数月，未生将南归回乡之时，方苞于是写文章相送，就是《送左未生南归序》。

送左未生，先表明左未生为何人，与方苞的关系：

左君未生与余未相见，而其精神、志趋、形貌、辞气，早熟悉于刘北固、古塘及宋潜虚，既定交，潜虚、北固各分散。余在京师，及归故乡，惟与未生游处为长久。北固客死江夏，余每戒潜虚：当弃声利，与未生归老浮山。而潜虚不能用。余甚恨之。

文章先是回忆未生与自己交游的历史，说明左未生与自己相交甚久，在他们二人尚未见面时，左未生的精神、志趋、形貌、辞气便在刘北固、古塘及宋潜虚等友人那里所熟知。及至二人定交为友，时刘北固已经在江夏逝世，而古塘也因为“南山案”来送方苞耽误了科举，以后也没有去应试。方苞遂“惟与未生游处为长久”。因感于刘北固客死他乡，方苞曾劝说宋潜虚，放弃名利，与左未生一起归老浮山，然而宋潜虚没有采用他的建议，让方苞很是遗憾。左未生即左待，字未生，桐城人，左光斗季孙。方苞的代表作之一——《左忠毅公逸事》，便是记载左未生的祖父左光斗的逸事。

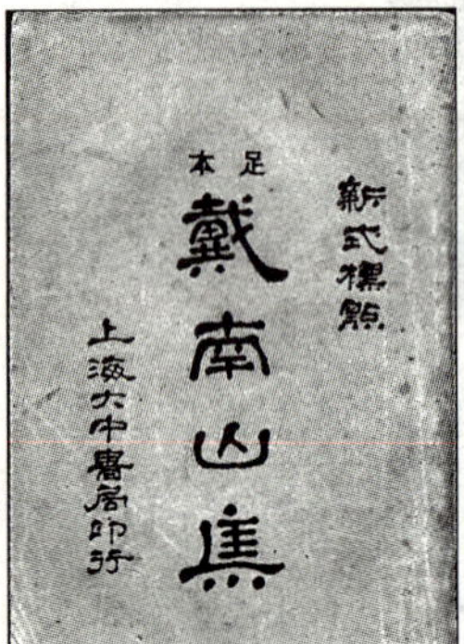

戴世明《南山集》

辛卯之秋，未生自燕南附漕船东下，至淮阴，始知《南山集》祸作，而余已北发。居常自怼曰：“亡者则已矣，其存者遂相望而永隔乎！”己亥四月，余将赴塞上，而未生至自桐，沈阳范恒庵高其义，为言于驸马孙公，俾偕行以就余。既至上营，八日而孙死，祁君学圃馆焉。每薄暮，公事毕，辄与未生执手溪梁间，因念此地出塞门二百里，自今上北巡建行宫始二十年，前此盖人迹所罕至也。余生长东南，及暮齿，而每岁至此涉三时，其山川物色，久与吾精神相凭依，异矣。而未生复与余数晨夕于此，尤异矣。盖天假之缘，使余与未生为数月之聚。而孙之死，又所以警未生而速其归也。

康熙五十年（1711年），方苞受到“南山案”的影响，从江宁县狱被解送北上京师，就在方苞押往京师的路上时，左未生乘一条漕船，自燕南东下。到了淮阴才知道“南山案”。作为戴名世的姑父、方苞的好友，再想到刘北固已经客死他乡，古塘因方苞耽误科举，听到这个消息，虽然不被牵连，但亲友生死未卜，左未生痛苦万分。在淮阴，盗贼见左未生丧魂失魄，行为反常，眼睛不瞅自己的行李，于是抢去了他的全部衣装。左未生试图反抗，歹徒猛击其面部，当场打折两颗牙齿，满嘴喷血。入金陵，左未生才知方苞已被逮北上。只能感叹朋友相聚无常。

冯超然《山水 镜心》

戴名世被杀后，左未生在桐城乡下，常仰望北方，思念不能南还的方苞。他常常自怼说：“亡者则已矣!其存者辽相望而永隔乎？”康熙五十八年(1719年)，左未生黄发素髭，面容憔悴，已经快70岁了。由于方苞是受到戴名世的牵连，他想代戴名世的其他亲戚，去看望方苞。此外，他不希望因戴名世的过错，影响了他与方苞的友谊。不去看一眼方苞，心中的郁结，始终打不开。于是，左未生践行誓言，长途跋涉，行走千里，来到京师。这段文字，着重写左未生来塞外探望方苞：未生不忍活着的朋友永远离散，远来探视，从千里以外的桐城来塞外的京师，但是此时方苞不在京师，去了承德。由于左未生品德高尚，受到范恒庵、驸马孙承运和祁学圃的帮助，辗转来到承德，才能与方苞“执手溪梁间”，晨夕相处。由于左未生的突然到访，让方苞不由感叹人世间的事情是多么的奇特啊！这里原来是塞外之地，建成行宫也不过短短的二十年，但是对于生长于东南的方苞来说，这里“山川物色，久与吾精神相凭依”。虽如此，但他却从未想过此生还会与挚友未生“数晨夕于此”。感叹之余，他想，这大概是上天怜见我们这些相交甚久却常常不在一块的朋友，让我和左未生在今生又有了这几个月的相聚。而驸马孙承运只活到31岁便溘然长逝，形貌伟然的他却命如蔓草，生命短暂，这样富贵的人，突然间就死了，仿佛同时告诫着人世的无常。方苞认为这也许是为了警示左未生，催促他赶快回去。因此，方苞感叹道：

> 夫古未有生而不死者，亦未有聚而不散者。然常观子美之诗及退之、永叔之文，一时所与游好，其人之精神、志趋、形貌、辞气若近在耳目间，是其人未尝亡而其交亦未尝散也。余衰病多事，不可自敦率，未生归与古塘各修行著书，以自见于后世，则余所以死而不亡者有赖矣，又何必以别离为戚戚哉！

宣和入锦·雪

方苞“送序”诸文，常娓娓叙述交游过程中的琐琐小事，以见互相间的深挚感情，使人很受感动。这篇文章也是如此。在文章最后一段，慨叹人不能不死，交不能不散。然而著之书，则可不死不散。比如杜甫、韩愈、欧阳修等人，虽然他们人已经死去，但是他们的诗歌、文章，让人读起来，其“精神、志趋、形貌、辞气若近在耳目间，是其人未尝亡而其交亦未尝散也。”因此希望未生归去著书立说，流传后世，使自己也能借此死而不亡，使他们的友谊也能死而不亡。诚如是，则对于离别，也就没有什么感到悲伤的了。全篇直抒胸臆，委婉动人。

作为“桐城三祖”之一，方苞的语言力求简明达意，条理清晰，“清真雅正”。“细节盎然，寄世感叹。”这篇《送左未生南归序》，在今天读起来，仿佛能让人看见左方二人的友谊，在文中慢慢散开。那些感情深挚的话，时间越久，越是让人感动。

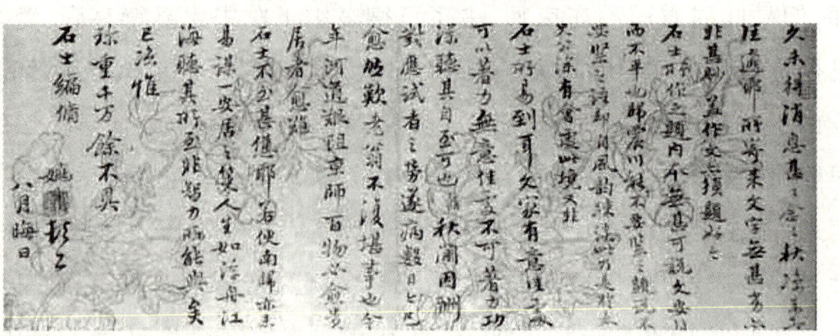
姚鼐手札

（张　航）

书非借不能读

——袁枚《黄生借书说》

清代的黄允修是个喜欢看书的上进青年，总是不断地汲取书本中的知识，用来充实自身的学识。在清代，没有对外开放的图书馆，只有私人藏书。所以要想读到书，要么就得花钱去买，对于黄允修这样的贫困人来说，那将会花费大量的银子；要么到藏有书籍的人家借阅。在当时，许多有钱人家或者官宦人家藏有书籍，所以他常去这些人家借书来读，但是这些书籍一般系主人珍藏，大多不愿外借，况且有时自己会用，也不愿借出。

袁枚(1716—1797)

在当时，著名的学者袁枚正好居住在江宁的随园，离黄允修的居住地不是很远，所以黄允修常常到随园找袁枚借书。袁枚看到黄允修谈吐不凡、喜求上进，所以非常欣赏他。只要黄允修来随园借书，袁枚都会很慷慨地将书借给他。

一天，黄允修又到随园找袁枚，想借阅《东坡七集》。袁枚原本打算像往常一样借给他就了事。但是联想到自己幼时的经历，袁枚觉得黄允修现在的经历与自己年轻时候很像，且这个后辈孺子可教。于是，袁枚挥笔而就，写下了具有深刻意义的文章——《黄生借书说》。

黄生允修借书。随园主人授以书，而告之曰：

书非借不能读也。子不闻藏书者乎？七略、四库，天子之书，然天子读书者有几？汗牛塞屋，富贵家之书，然富贵人读书者有几？其他祖父积、子孙弃者无论焉。非独书为然，天下物皆然。非夫人之物而强假焉，必虑人逼取，而惴惴焉摩玩之不已，曰："今日存明日去，吾不得而见之矣。"若业为吾所有，必高束焉，庋藏焉，曰"姑俟异日观"云尔。

说，乃文体之一。《文章辨体序说》："说者，释也，解释义理而以己意述之也。"为了阐明一个道理，往往是借一件事情或一种现象来表述作者对某些事物或问题的见解。简洁明了，意义深刻。

文章的开头，先表明写这篇文章的原因，缘事而发引出下面议论。接着表明"书非借不能读也"这一观点，并且连续用了"天子""富贵人家"没有几个读书者和"其他祖父积、子孙弃者"这三种常见的事实，来初步证明"七略、四库，天子之书，然天子读书者有几"。天子藏书的地方，应该是集天下所有图书的地方。但是哪朝哪代，哪里有天子将这里的书看完的。天子如此，民间犹然。俗语云："富不过三代"，富家子弟不读书，不从先贤的记录中汲取教训，三代之后，只落得个"树倒猢狲散""一似食尽鸟投林，落了片白茫茫大地真干净"！因此这个并不是"非独书为然，天下物皆然"。再接着，将人们对待从别处借来的东西和自己所有的东西的态度进行比较，并从中推究出其原因——"虑人逼取"，因为不是自己的东西，要尽快还给他人，这种外来的压力，使得人们将借来的书尽快并且保质地看完，有力地证明了"书非借不能读"的观点。

张之光《简斋先生小影》

接着，袁枚又将自己幼时的经历写出：

余幼好书，家贫难致。有张氏藏书甚富。往借，不与，归而形诸梦。其切如是。故有所览辄省记。通籍后，俸去书来，落落大满，素蟫灰丝时蒙卷轴。然后叹借者之用心专，而少时之岁月为可惜也！

这段文字，将袁枚少年时的经历娓娓道出。那时袁枚家中贫穷，也像黄允修一样，没有那么多的钱去买书，只有到藏书丰富的张姓人家借书，但是他家却不给借阅。但是那时候的袁枚求知若渴，以至于回来之后在梦中还出现那种情形。因此看到自己喜欢的书籍，只能认真深思并记住。做官之后，袁枚将俸禄拿去买书，买来的书都快堆满整个家，但是很多书籍上都是白色的蠹虫、灰色的游丝。想起年少借书看时的专心程度，再看看现在有书籍的时候的表现，不由自主地慨叹借书看的人用心专一，而自己少年时代的时光是多么值得珍惜啊！宋代欧阳修在年少的时候，由于家贫，也常从城南李家借书抄读，并且在书本没有抄完之时，就能背诵文章。袁枚告诫后生在遇到困难挫折时，应该发愤图强。袁枚在感叹年华已逝、自嘲现状时，告诫黄生，即便是在自身条件改善之后，也应当去阅读书籍。朱熹说过："读书看道理，也须着些力气，看教分明透彻，方于身上有功。"读书不是为功名而读，应该是为提升自身的修养而读，让自身的精神不断升华。

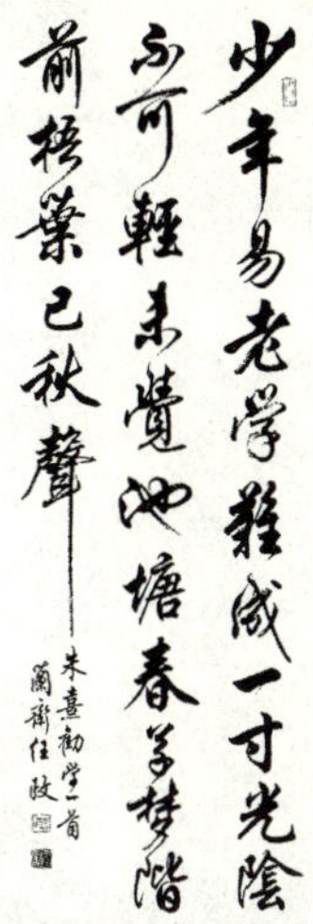

朱熹《劝学》

今黄生贫类予，其借书亦类予；惟予之公书与张氏之吝书若不相类。然则予固不幸而遇张乎，生固幸而遇予乎？知幸与不幸，则其读书也必专，而其归书也必速。

为一说，使与书俱。

在袁枚看来，今天黄允修的状况与其少年之时是何其相似，唯一不同的是其将书籍痛快地借给他，而张姓人家却没有将书借给自己。与袁枚相比，黄生是多么幸运，因为黄生有幸遇到肯"公书"的人。于是，袁枚就向黄生提出希望，读书必专，归书要速；勉励他应该珍惜时光，勤奋学习。

在袁枚的《黄生借书说》一文中，从借书这一件小事出发，以小见大，道出了一个至今都一样的观点：书非借不能读。由此及彼，这个观点在现代人身上屡试不爽。当东西是自己的时候，没有外在压力去推动，人们就会很懒散，人什么时候读完都无所谓，谓之"拖延症"。当这件东西不是自己的的时候，人们总是发挥自身的潜能，将事情提前完成。这也说明了"真理是能经得住时间考验的"。虽然文章体裁偏于告诫后生，但是袁枚并没有板起面孔，反而从自身出发，带有一点率性而为和自嘲去鼓励、教育黄生。这对我们当代人也颇有教育意义。

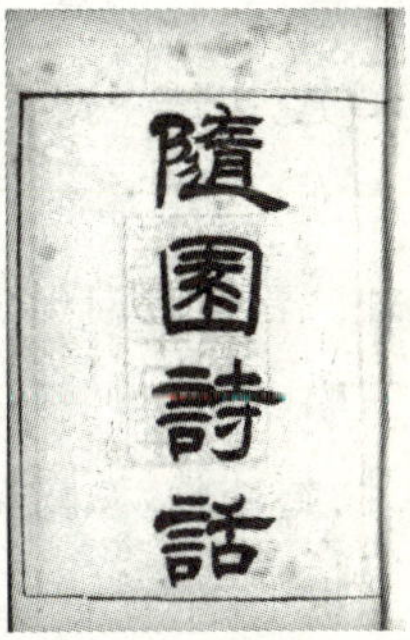

袁枚《随园诗话》

（张　航）

读书得法　勿奢勿傲

——曾国藩《谕纪泽》

太平天国

十九世纪四十年代，康乾盛世的大幕落下，庞大的帝国迅速进入了生命晚期。内部的动荡和外在的冲击，不断冲击着早已倾斜的帝国大厦。这是一个历史的大变动期，也是一个人才辈出，思想流光溢彩的独特时期。率先登上历史舞台的代表人物，即为号称“中兴功臣”的曾国藩。曾国藩，湖南湘乡人，初名子城，字伯涵，号涤生。1851年，洪秀全于金田发动起义，曾国藩时年41岁。在随后的二十年中，曾国藩逐步确立了他在中国近代史上的空前影响。1861年，曾国藩于安庆创设军械所；1864年，攻取南京（时号天京）；1865年，幕僚李鸿章（时任代理两江总督）建金陵机器制造局；1867年，于江南制造总局下设造船所试制船舰，同时拟设译书馆；1871年奏《拟选子弟出洋学艺折》；1872年，议设“中国留学生事务所”。在其生命的后期，曾国藩参与了影响帝国命运的诸多事件，并为近代中国培养了大批人才。曾氏幕府僚属中庙算谋略之才，有郭嵩焘、李鸿章、薛福成；军事人才，有彭玉麟、李元度；吏治人才，有李宗羲、赵烈文；文教人才，有俞樾、吴汝纶；制造人才，有李善兰、容闳，诚可谓一时之盛。治国之外，曾国藩齐家之道，也足以成为当世的楷模。曾氏后人多有雄杰之辈，至今在政界、科技界、思想界仍影响不衰。曾国藩一生著述颇多，传世最广者为《曾文正公家书》。《谕纪泽》即为曾氏写给次子曾纪泽的家信：

字谕纪泽儿：

接尔安禀，字画略长进，近日看《汉书》。余生平好读《史记》《汉书》《庄子》《韩文》四书，尔能看《汉书》，是余所欣慰之一端也。

看《汉书》有两种难处：必先通于小学、训诂之书，而后能识其假借奇字；必先习于古文辞章之学，而后能读其奇篇奥句。尔于小学、古文两者皆未曾入门，则《汉书》中不能识之字、不能解之句多矣。

曾纪泽（1839—1890年），字劼刚，号梦瞻，工诗文，长于书法篆刻，善山水，尤精绘狮子。为光绪时期最具声誉的外交家，诚不负乃父之教。此信写于咸丰六年（1856年），时曾纪泽18岁。曾国藩服膺桐城古文，读书喜《史记》《汉书》《庄子》《韩文》。曾纪泽习画攻书之外，亦喜《汉书》，当出于家教。读《汉书》的障碍有二：一为文字之障，故阅读《汉书》的人当先通小学、训诂，识其字、知其义方可；一为文辞之障，读书者须对于古文辞章之学能足够了解，方能破除汉书“不能解之句多矣”之障碍。曾国藩既告知曾纪泽读《汉书》的障碍所在，又明确告知具体的解决之道：

欲通小学，须略看段氏《说文》、《经籍纂诂》二书。王怀祖先生有《读书杂志》，中于《汉书》之训诂极为精博，为魏晋以来释《汉书》者所不能及。

萧统《文选》

欲明古文，须略看《文选》及姚姬传之《古文辞类纂》二书。班孟坚最好文章，故于贾谊、董仲舒、司马相如、东方朔、司马迁、扬雄、刘向、匡衡、谷永诸传皆全录其著作；即不以文章名家者，如贾山、邹阳等四人传，严助、朱买臣等九人传，赵充国屯田之奏，韦元成议礼之疏以及贡禹之章、陈汤之奏狱，皆以好文之故，悉载巨篇。如贾生之文，既著于本传，复载于《陈涉传》、《食货志》等篇；子云之文，既著于本传，复载于《匈奴传》、《王贡传》等篇，极之《充国赞》《酒箴》，亦皆录入各传。

盖孟坚于典雅瑰玮之文，无一字不甄采。尔将十二帝纪阅毕后，且先读列传。凡文之为昭明暨姚氏所选者，则细心读之；即不为二家所选,则另行标识之。若小学、古文二端略得途径,其于读《汉书》之道,思过半矣。

屈　原

段玉裁(1735—1815年),清代文字训诂学家、经学家,字若膺,号懋堂,晚年又号砚北居士、长塘湖居士、侨吴老人,江苏金坛人,龚自珍外祖。乾隆举人,历任贵州玉屏、四川巫山等县知县,引疾归,居苏州枫桥,闭门读书。曾师事戴震,研究文字训诂音韵之学。著述多种,而尤以《说文解字注》称名于世。当时与之并称的训诂学家为江苏高邮王念孙,其《广雅疏证》亦为当时名作。曾国藩以段、王二人小学、训诂之作为阅读《汉书》的前期准备。至于古文辞章之学,曾国藩尤其注重《文选》与《古文辞类纂》两书。《文选》是中国现存的最早一部诗文总集,由南朝梁武帝的长子萧统组织文人共同编选。萧统死谥"昭明",故《文选》又称《昭明文选》。《文选》30卷,共收录作家130家,上起子夏(《文选》所署《毛诗序》的作者)、屈原,下迄当时,唯不录生人。《文选》选录作品众多、标准谨严,且有较为严格的文体划分,故而对后世影响甚大。唐时有"文选烂、秀才半"的说法。熟悉《文选》既可以了解某类文体的源流、风格,又能提升古文辞章感受与书写的能力,此外《文选》的编订时间离汉代不远,故而甚有助于《汉书》的阅读。《古文辞类纂》是桐城姚鼐编订的各类文章总集。全书75卷,选录战国至清代的古文,依文体分为论辩、序跋、奏议、书说、赠序、诏令、传状、碑志、杂记、箴铭、颂赞、辞赋、哀祭等十三类。所选作品主要是《战国策》《史记》,两汉散文家、唐宋八大家、明代归有光及清代方苞、刘大櫆等的古文。此书编订后,影响很大,为"近代家传户诵之书"。吴汝纶曾称之为选集中"古文第一善本";朱自清也曾称赞其所选多为"二千年高文"。《古文辞类纂》不但是打开"古文辞章"的钥匙,也是接续桐城文脉的有效方式。因桐城派主张文道相通,故而文章之道与修身之道即可合一。戴钧衡《方望溪先生集外文补遗序》说:"平心论之,宇宙间无今汉学家,不过名物、象数、音韵、训诂未能剖析精微,而于诚、正、修、齐、治、平之道无损也;而确守程、朱如先生者,多一人则道看一方,遂以昌明于一代",即是此义。

世家子弟最易犯一奢字、傲字。不必锦衣玉食而后谓之奢也，但使皮袍呢褂俯拾即是，舆马仆从习惯为常，此即日趋于奢矣。见乡人则嗤其朴陋，见雇工则颐指气使，此即日习于傲矣。《书》称："世禄之家，鲜克由礼。"《传》称："骄奢淫佚，宠禄过也。"京师子弟之坏，未有不由于骄奢二字者，尔与诸弟其戒之，至嘱至嘱。

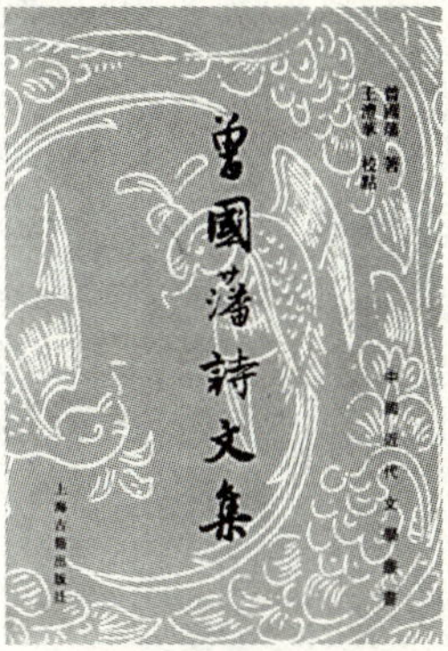

《曾国藩诗文集》

古来多弟子修身不谨，破国倾家者众，故曾国藩谆谆告诫曾家子弟，勿染奢侈、骄纵之习。凡人之奢侈者，多不知稼穑的艰难与创守家业的不易，奢侈而无愧悔之心，终止于败亡家业；凡人之骄纵者，多不知礼，不能亲人，人亦不能待之以诚，骄傲者易自满，故亦不能有自省之习惯，难得尺寸之进步。曾氏家书，由读书之法进及立身处世之道，娓娓道来，有理有情，既无板面苛责之酷烈，又无故作门面之浮虚。曾氏教子有方，门风不替，岂轻易哉！

（刘　顺）

日暮乡关何处是：寻找家园

家园是人生的着根之地，也是个体的归宿之地，但是空间位移的家国万里却是人生常态。个体对于家园的寻找，最为常见的形态，即为对位于具体空间之中、有物质形态的家园的渴望。此种渴望，在古典诗文的书写传统中，衍生出“小桥流水人家”的经典意象。然而，个体世间生活的归属感，另有一层次为文化上的归属感。相较于身体上的离乡，文化上的离乡感，尤难消解，此即所谓“微斯人吾谁与归”之感，此亦所以一二特立独行之人必“相叫于荒天枯木”。此种渴望，在古典诗文中常衍生出“桃源”“醉乡”“梦乡”之意象。此外，作为有生死的天地间之过客，人生的离乡感最为精微者，则为生命之终极安顿感的寻求。而为人生寻得安顿，为死亡寻得庇护，谈何容易？日暮途远，或许，不停步于人生的探究与人生意义的追索，即为最美丽的回乡之旅。

阮籍穷途　杨朱岐路

——吴敬梓《移家赋序》

雍正十一年(1733年)正月,家道中落、多年不第的吴敬梓离开安徽全椒祖居之地,移家南京。随后吴敬梓作长文《移家赋》,前有小序,其词曰:

粤以癸丑之年,建寅之月,农祥晨正,女夷鼓歌。余乃身辞乡关,奔驰道路。晏婴爽垲,先君所置,烧杵掘金,任其易主。

百里驾此艋艇,一日达于白下。

吴敬梓画像

吴敬梓,字敏轩,号粒民,安徽全椒人,康熙四十年(1701年)出生于"科第仕宦多显者"的一个官僚家庭。曾祖吴国对,曾中探花,工诗赋古文,善书法,长八股。祖父吴旦做过州同知,"一时名公巨卿多出其门"。友人王又曾有诗曰:"国初以来重科第,鼎盛最数全椒吴。"家门之盛,一时无比。及其父吴霖起时,家道衰落。吴敬梓少时承父严教,本期以科举晋升重振家业,但二十三岁中秀才后,多年不第。父亡后,吴敬梓为族人所欺。后妻陶氏病死,生计益窘,家产荡尽,为乡人所笑,遂有移家之举。雍正十一年正月,房星还在南方的天空闪烁,吴敬梓离开全椒移家南京。"女夷鼓歌,以司天和",这将是一段顺利的旅程。先君所置的宅院,将归于他人。饱受"兄弟参商,宗族诟谇"之苦的吴敏轩,驾着小舟,一日即抵白下。虽对故土已无眷恋之情的作者,还是心情欢快,但将为异乡之客,仍不免心生忧虑:

《吴敬梓集系年校注》

土云信美，客终畏人。阮籍之哭穷途，肆彼猖狂；杨朱之泣岐路，悲其南北。昔陆士衡之入洛，卫叔宝之过江，俱以国常，非由得已。梓家本膏华，性耽挥霍，生值承平之世，本无播迁之忧，乃以郁伊既久，薪纆成疾，枭将东徙，浑未解于更鸣；乌巢南枝，将竟托于恋燠。

东汉末年，王粲曾避难荆州，有《登楼赋》曰："虽信美而非吾土兮，曾何足以少留。"金陵为繁华富贵之地，但米珠薪桂，已家道中落的吴敏轩恐居之大不易。《淮南子·说林》："杨子见逵路而哭之，为其可以南可以北。"《晋书·阮籍传》："时率意独驾，不由径路，车迹所穷，辄痛哭而返。"杨朱以路可南可北，不知所适而哭；阮籍以途穷无路可走而哭，吴敬梓似乎亦有进退维谷之叹。由于"赋"之文体有"假象过大，则与类相远；逸辞过壮，则与事相违；辩言过理，则与义相失；丽靡过美，则与性相悖"的特点，故而，此序文亦有堆砌典故之病，不可径直视为写实之文。东吴灭国，陆机入洛；司马南渡，卫玠过江，漂泊流转不过为人生常态。吴敬梓生于富贵之家，但无生计之长，性慷慨，"倾酒欢呼穷日夜"，十年间家产散见，为族人所恶，遂移居金陵。

乌衣巷

烟寒土锉，仲蔚之居尽蓬蒿；月冷绳床，陈平之门惟敝席。

心妍面丑，力薄才绵，紫萱岂疗愁之花，丹棘非忘忧之草。饥者歌食，劳者歌事，觌缕惧荒耗之讥，忳悒尽侘傺之况。叹老嗟卑，思来述往。

移家金陵后，吴氏生活困窘。“烟寒土锉”，出于杜甫“荆扉深蔓草，土锉冷疏烟”，为无米下锅，冷灶无烟之意。仲蔚即张仲蔚，东汉隐士。《艺文类聚·草部》：“张仲蔚，平陵人也。隐身不仕，所居蓬蒿没人。”陶潜《咏贫士七首》：“仲蔚爱穷居，绕室生蓬蒿，璐然绝交游，赋诗颇能工。”《史记·陈丞相世家》：“家乃负郭穷巷，以敝席为门。”吴氏自以为才薄力微而又外貌丑陋，故萱花虽号忘忧却不能解愁。穷苦无端，遂不惧他者之讥，作此《移家赋》。

竹 子

御炉宫锦，旧事销沉；葛帔西华，故交零落。氾腾财散，聊自适于琴书；贾岛诗穷，复何心于薪米？相如涤器，炉边有婥姱之女；景略鬻畚，山中遇蹒跚之翁。诛茅江令之宅，穿径谢公之墩。乌衣巷口，燕子飘零；白板桥边，渔舟暖迺。苔殷蛋紫，凄凉何代江山；断碣缭垣，寂历前朝陵树。

帘开昼永，雀作嘉宾；户冷宵澄，鱼为门钥。具崔洪之癖，不言货财；读潘尼之诗，易遗尺璧。遂乃笙簧六艺，渔猎百家，有若之恶卧，焠之以掌；苏子之屈首，刺之于股。坐萧藻之床，书帙蠹希；映孙康之雪，炉香鸭困。林宗不改其乐，痀偻用志不分。

竟同元豹，任终隐以无伤；转惭蝜蝂，能负财以至死。虽无扬意之荐，达之天子，桓谭之赏，传于后人，优哉游哉，聊以卒岁。

清
文

曾经的富贵荣华，已如烟消云散，难留痕迹，昔日新知旧雨，亦多利尽而散，不肯施以援手。《文选·广绝交论》李善注：“刘璠《梁典》曰：刘峻见任昉诸子西华兄弟等，流离不能自振，生平旧交，莫有收恤。西华冬月著葛布帔，练裙。路逢峻，峻泫然矜之，乃广朱公叔《绝交论》。到溉见其论，抵几于地，终身恨之。”吴氏十年间，尽散家财，入居金陵，虽有琴书之乐，但“驾此艋艇，一日达于白下”，已如“借车载家具，家具少于车”的孟郊一般穷困。王猛少时，卖畚为生，曾受一老翁赏识。吴氏居白下，受王溯山资助，王猛的典故，意在感激友道之美。吴氏移家后，营建屋舍于秦淮河畔。秦淮河上，桨声寥落，昔日烟柳之地，已衰败为冷清之所。“吴宫幽草埋花径，晋代衣冠成古丘。”无论曾经何等繁华、何等煊赫，人间的功业富贵总难敌时间的无情冲洗。秦淮河的冷寂，即为明清易代后，金陵败落的缩影。因为“故交零落”，偶尔打破陋室长日寂寥的是飞来飞往的鸟雀。《芝田录》：“门钥必以鱼者，取其不瞑目守夜之义”，考之全文，恐深夜长开眼的是吴敬梓本人。《晋书·崔洪传》：“洪口不言货财，手不执珠玉。汝南王亮常该公卿，以琉璃钟行酒，酒及洪，洪不执。亮问其故，对曰：虑有执玉不趋之义，故尔！”潘尼诗：“尺璧信易遗，寸暑难可瑜。成名非我事，所说(悦)琴与书。”不贵尺璧，不遗寸阴，孤独之中，惟有读书能消永日，亦唯有读书方能活出士人生命的真实价值。苏秦刺股、孙康映雪，古人以读书为立德、立功、立言的根基所在，虽饱受艰辛而攻读不辍。《汉书·扬雄传》：“扬雄卒，大司空王邑、纳言严尤闻雄死，谓桓谭曰：‘子尝称扬雄书，岂能传于后乎？’谭曰：‘必传，顾君与谭不及见也。’”入居白下的吴敬梓，多次科举不第，“文章大好人大怪”，渐渐绝去科举念头，留著述于后世的自我期待将是安顿内心最佳方式：

> 蛟入仲舒之怀，凤吐子云之口，染翰列元中之名，别馆著紫方之号，金陵玉海，连城足比；秃友退锋，成功可期。千户之侯，百工之技，天不予梓也，而独文梓焉。追为此赋，歌以永言，悲切怨愤，涕洟流沫。左思之赋覆酱瓿，亶其然乎？李贺之诗投溷中，是吾忧也。

《西京杂记》卷上：“董仲舒梦蛟龙人怀，乃作《春秋繁露》词。”同书亦记扬雄之事，“扬雄著《太玄经》，梦吐白凤凰，集《玄》之上。”看似荒诞的故事，却隐含着著述者欲其书传于后世，留不朽之名的渴望。但对于作者而言，虽然著述有可成之日，却不能包其必能传于后世。《清异录》载“赵光逢游襄汉，发现一笔冢，上有砖碑题字云‘秃友退锋郎，功成鬓发伤，冢头封马嚣，不敢负恩光’。故后人称笔为秃友、退锋。”废笔成冢，则其数量必然十分巨大，但笔下之文，果能为人所称赏乎？刘歆认为扬雄《太玄》过于深奥，世人将以之为覆盖坛口之物，李贺中表为抱昔日私憾，将李贺诗歌投入厕中。虽文章问世之后，遭遇不同，但作者不能决定文章的命运，却古今同然。吴敬梓之文，又有谁能保证不遭此命运。

（刘　顺）

是真名士自风流

——袁枚《随园记》

袁枚(1716—1797年),字子才,号简斋,一号随园,晚号随园老人,清著名诗人、藏书家,浙江钱塘(今杭州)人。袁枚在清代骈文八大家、江右三大家中都占据了一席之地,他论诗主张抒写性情,写出个人的“性情遭际”,创“性灵”说,与赵翼、张问陶并称乾嘉诗坛“性灵派三大家”,其为人亦与文风一脉相承,随性任为,而始终不失一颗赤子之心。

赵翼《廿二史劄记》

袁枚少时家贫,祖父和父亲都游历四方,充当幕僚谋求生计。袁枚自学成才,擅长诗文,而其“抒写性灵”的诗学主张也已经初现端倪。21岁时,袁枚从钱塘抵达广西,到巡抚衙门中探望担任幕僚的叔父。巡抚金公铁一见就深以为异,让他以铜鼓为题赋文。袁枚略加思索,一蹴而就,文采瑰丽,得到金公铁的赏识,恰逢当时博学鸿词科开考,金公就举荐了袁枚,“时举二百余人,惟君最少”。可惜,此次榜上无名。乾隆四年(1739年),24岁的袁枚参加朝廷科考,试题《赋得因风想玉珂》,因所作诗中有“声疑来禁院,人似隔天河”句,总裁们以为“语涉不庄,将置之孙山”。幸得当时的大司寇(刑部尚书)尹继善秉公直言,才免于落榜,得中进士,授翰林院庶吉士。

袁枚的仕途却始终不容乐观。翰林院学习期满,袁枚被排挤,外放到江南出任知县,历任溧水、江浦、沭阳等地,最后调往江宁。江宁本是大城市,治理不易。当时的总督尹文端颇赏识袁的才华,袁枚也是力报知遇之恩,推行法制,不避权贵,政绩颇佳,在百姓中素有声誉。最初,袁枚出任溧水县令的时候,他父亲担心儿子年轻,缺乏吏治能力,曾专门远程来到溧水,隐姓埋名到民间查访,治下百姓都说“吾邑有少年袁知县,乃大好官也”。

铁

清·钱杜《山水画》

然而，显露的政治才能却始终为袁枚换不来晋升之阶，且为官不易，“身往而心不随”，“官苦原同受戒僧”。于是，乾隆十四年（1749年），34岁的袁枚借口染病辞去江宁县令一职。等到再次入仕，刚到任职地陕西，又遭遇了父丧，随即回乡丁忧，此时的袁枚业已40岁，仕途一直不怎么顺遂，官场那一套也与其心性不合，于是，袁枚干脆完全放弃了出仕的念头，长居江宁，“尽其才以为文辞歌诗”。

袁枚是个重视生活情趣的人，他爱茶，爱美食，爱美人美景，足迹踏遍了江南名山胜水。文才赋予了他雅致的审美品格与情趣，而所见到的“瑰奇幽邈”又滋养了他的创作灵感与热情。所到之处，所感之景，发于文章，留下一段佳话。而袁枚所居住的随园，更是其中的点睛之笔。随园的建筑布局极尽精巧，风景幽深雅致，而袁枚在其中广收弟子，大宴宾客，藏书著文，也可称一时之盛。袁枚与随园，言其一必不可忘其二，随园因袁枚而名显，袁枚也以随园老人被铭记，两者相得益彰，传为佳话。

《随园记》选自《小仓山房诗文集》，便是记述了袁枚购置与修葺随园的经过和自己的趣味，以及随园的命名及其由来，抒写其对此园真诚而深切的喜爱，表现出一种洒脱放任的处世观，充满了初得园的喜悦及对将来悠游林下的生活的憧憬。

金陵自北门桥西行二里，得小仓山。山自清凉胚胎，分两岭而下，尽桥而止。蜿蜒狭长，中有清池水田，俗号干河沿。河未干时，清凉山为南唐避暑所，盛可想也。凡称金陵之胜者，南曰雨花台，西南曰莫愁湖，北曰钟山，东曰冶城，东北曰孝陵，曰鸡鸣寺。登小仓山，诸景隆然上浮。凡江湖之大，云烟之变，非山之所有者，皆山之所有也。

袁枚画作

清凉山在今南京市西，又名石头山。山上曾建有清凉夺，南唐建有清凉道场。传为避暑之地，虽昔日胜景不复，但钟灵毓秀，山之余韵不改。小仓山为清凉山余脉，风物宜人，更兼金陵胜景如雨花台、莫愁湖、中山、冶城、孝陵、鸡鸣寺者，山上皆可一睹为快。烟水云雾，湖光山色，本来不属于山间的景致，在此山也齐备了，可谓坐拥江湖之大，云烟之变，不可不谓之赏心悦目。

袁枚开篇即移步换景，历叙此园的地理位置，显得郑重之至。小仓山为底蕴深厚的清凉山余脉，对此，便会生出些历史的厚重、凭吊怀古之感，也可见此山之“灵气”。而随园之风光，因得小仓山之利，也增色不少。在此名胜之地，又借得江湖云烟，随园尚未出，而人已跃跃待其景致。

> 康熙时，织造隋公当山之北巅构堂皇，缭垣牖，树之荻千章，桂千畦，都人游者翕然盛一时，号曰隋园。因其姓也。后三十年，余宰江宁，园倾且颓弛，其室为酒肆，舆台嚾呶，禽鸟厌之，不肯妪伏，百卉芜谢，春风不能花。

随园的前身为“隋园”，是江宁织造隋公所建，因其姓而得名，曾经盛极一时。但当袁枚到江宁任县令时，此间已是衰颓破败，花木俱残，房子也沦为酒肆，嘈杂啁哳，连禽鸟也不喜。看昔时胜景，今朝竟破败如斯，也难怪袁枚心生恻然，这样也就自然道出了购园的由头。

另有一种说法，随园最初为曹頫所建，是江南最大的园林。雍正五年，曹雪芹之父因“行为不端”“骚扰驿站”和“亏空”等罪名被抄家，由内务府隋赫德接替曹家产业，此园归隋所有，不久隋赫德又因贪污被抄家，此园遂渐渐荒废。直至乾隆十三年（1748年）袁枚购得此园，寓居于此，改名为随园，自号随园老人，并成就著名的《随园诗话》。曹家的姻亲富察明义曾说随园就是《红楼梦》里的大观园。“余恻然而悲，问其值，曰三百金，购以月俸。茨墙剪园，易檐改途。”寥寥数笔，便写明了购园的经过，以及重建此园的打算。随园的兴建，主要出自建筑家武龙台的手笔，但全园的布局均出自袁枚的策划。这篇园记并没有细讲园景，而是重在抒写随园之“随”的深层蕴意：

> 随其高为置江楼；随其下为置溪亭；随其夹涧为之桥；随其湍流为之舟；随其地之隆中而欹侧也，为缀峰岫；随其蓊郁而旷也，为设宧

清
文

窔。或扶而起之，或挤而止之，皆随其丰杀繁瘠，就势取景，而莫之夭阏者，故仍名曰随园，同其音，易其义。

苏州山塘街

因地制宜，随势俯仰，高处建成临江楼阁，低处安放溪畔小亭，水涧处为桥，急流处置舟，崎岖险峻的地方，正可为峰为谷，又于平坦而草木旺盛之地，建造房屋，时而突出加强，时而抑制淡化，都是根据原址的实际情况，就势取景，并不刻意束缚或者改变原本的态势，所以仍然叫作随园，读音相同，而意境却是迥异了。

落成叹曰："使吾官于此，则月一至焉；使吾居于此，则日日至焉。二者不可得兼，舍官而取园者也。"遂乞病，率弟香亭、甥湄君移书史居随园。闻之苏子曰："君子不必仕，不必不仕。"然则余之仕与不仕，与居兹园之久与不久，亦随之而已。夫两物之能相易者，其一物之足以胜之也。余竟以一官易此园，园之奇可以见矣。

己巳三月记。

乾隆十年（1745年），袁枚买下了隋园，加以葺治，改名随园。乾隆十三年（1748年），他辞官居园中乾隆十四年，袁枚写下这篇《随园记》。在随园里，他几乎过了半个世纪悠游闲适，畅意自为的生活。

鱼与熊掌不可兼得，舍官而取园者也，袁枚选择了世人眼中的"鱼"，而舍弃了所谓的"熊掌"。而实际上，彼之瓦砾，我之珠玉，他只不过选择了自己最想要的也最适合自己的。以一官易一园而无悔无憾，园之奇，足足可见，而袁枚所"随"的，始终是自己那颗心。

袁枚曾在《杂兴诗》中描写随园的景致："造屋不嫌小，开池不嫌多；屋小不遮山，池多不妨荷。游鱼长一尺，白日跳清波；知我爱荷花，未敢张网罗。”诗情画意，惹人神往。随园四面无墙，每逢佳日，游人如织，袁枚亦任其往来，不加管制，更在门联上写道：“放鹤去寻山鸟客，任人来看四时花。”

苏州园林

袁枚是性灵派创作理论的提倡者，他认为诗歌是内心的声音，是性情的真实流露，其为人亦如作文，坦白率真，讨厌矫情，却极重情义。其友沈凤司死后，因无后嗣，袁枚每年为他祭坟，三十年未曾间断。

袁枚《随园食单》

选择随园，其实便是选择了一种生活方式，从此不必再“为大官作奴”，不再“身往而心不随”，袁枚活了个洒脱通透。从此，他徜徉于随园的山水烟霞之中，怡然自得，放情声色，不复作出仕之念。

当然，与中国古代许多其他从官场抽身而退的文人又有所不同，袁枚辞官后并没有感受到经济上的窘迫。实际上，辞官后的袁枚仍时时出游，供养家中亲眷，藏书，购买古董，修缮、扩建随园，广宴宾客等，一直保持着奢华的物质和精神享受。“四方士至江南，必造随园投诗文，几无虚日。君园馆花竹水石，幽深静丽，至棂槛器具，皆精好，所以待宾客者甚盛。”

袁枚还留下了《随园食单》，仅从其间，就可以略窥随园考究的生活，对于家中并无祖产的袁枚来说，这确实有些不可思议，甚至因此有人怀疑过袁是否在为官期间大肆贪墨，搜刮了大量财产。实际上，袁枚能一直维持这样的光景，主要还是归功于他生财有道。

袁枚文才出众，声名在外，这给他带来了丰厚的物质回馈，时常有富户为求袁一篇墓志铭而一掷千金，亦有扬州安姓巨富，刻了一部书，以两千金的价格请袁枚题跋。《清史稿·袁枚传》载，袁枚所著《随园集》有三十余种，上自公卿王侯，下至市井小贩，皆知其名，甚至海外也有慕名来求其书者。高丽使臣团来中国时，偶尔读到袁枚的诗集，无不为之倾倒，便购买了数十部回国赠人。此后高丽来中国以高价购买袁枚书集者络绎不绝，袁枚的书一时洛阳纸贵。

黄公望《天池石壁图》

五代·李成《寒林平野图》

同时，袁枚还善于理财，在购下随园之后，袁枚又将随园东西两面的山林田地池塘也购置下来，并分租给十三户人家种植各类粮菜果木，饲养家禽。此后袁枚不但可以坐收地租，且每日所需之菜肴也由租户供给。随园中的食物，除鲜肉豆腐需要外出购买外，其他均可自备。袁枚还曾在安徽滁州购买田地，并将土地出租，收益颇丰。在江北，袁枚也广置地产，并亲往察看。

此外，袁枚还开设学堂，广收门生。因盛名于世，袁枚所收学费颇高，但送子弟入学者仍络绎不绝。袁枚还收了许多女弟子，在随园中吟咏唱和，这也使他在当时饱受诟议。在袁枚82岁去世前，留下了“田产万金，余银两万”，并托给其学生帮助经营生息。正是在雄厚财力的支撑下，袁枚才能供养族人读书，过着风流倜傥、潇洒自如的隐居生活。

嘉庆二年十一月十七日，袁枚谢世，享年82岁。其一生心迹，或许用好友钱宝意的那首诗形容很贴切：“过江不愧真名士，退院其如未老僧；领取十年卿相后，幅巾野服始相应。”

袁枚自己亦有一副对联：“不作高官，非无福命祇缘懒；难成仙佛，爱读诗书又恋花。”

袁枚很幸运，生活在那样一个安稳繁荣的时代。更幸运的是，他有才学而又不拘泥于世，对“性灵”的尊崇，使他摆脱了束缚古代文人的许多条条框框，使他在世俗与本心之间，找到了最好的那个契合点，按自己期待的方式，以优雅从容的姿态，走过了自己的一生。

（岳超群）

酣适之方　以徜以徉

——戴名世《醉乡记》

元·刘贯道《梦蝶图》

1713年3月6日，戴名世因《南山集·致余生书》一文，触及时讳，被清廷处死，年60岁，此事牵连多人，号“南山案”。1711年，左都御史赵申乔在弹劾戴名世的奏章中，称其“妄窃文名，恃才放荡，前为诸生时，私刻文集，肆口游谈，倒置是非，语多狂悖，逞一时之私见，为不经之乱道”。戴氏35岁时，曾被“考授如县”，但戴名士以“悠悠斯世，无可与语”，弃官而去。如此，则赵申乔对于戴氏言行的描述未始无据，戴氏之死与其言行与当世相多不能合调相关。此篇《醉乡记》虽为短小之文，但颇能见出戴名世的人生理想当为精心结撰之作：

昔众尝至一乡陬，颓然靡然，昏昏冥冥，天地为之易位，日月为之失明，目为之眩，心为之荒惑，体力之败乱。问之人：“是何乡也？”曰：“酣适之方，甘旨之尝，以徜以徉，是为醉乡。”

“醉乡”是不知具体方位所在的“无何有”之乡。“醉乡”的设计，是以“醉”为基点，以先秦诸子中的华胥之国为模式而构建，实为一种逃避现实的“理想”之所。“醉乡”中没有现实的丑恶与束缚，所谓“昏昏冥冥，天地为之易位”，意指醉乡是一个没有君臣、没有等级，美好如同桃源一般的世界。“醉”在古人的笔下，常常作为逃避现世的一种途径。在酩酊大醉中，有“我辈岂是蓬蒿人”的自珍自信；有“清夜沉沉动春酌，檐前细雨灯花落”的美好温馨；也有“醉里不知身是客”

的伤感迷惘。不得意者、愤世嫉俗者、众人皆醉我独醒者，常能在个体之醉中寻获短暂而易碎的快乐：

> 呜呼！是为醉乡也欤？古之人不余欺也，吾尝闻夫刘伶、阮籍之徒矣。当是时，神州陆沉，中原鼎沸，所天下之入，放纵恣肆，淋漓颠倒，相率入醉乡不已。而以吾所见，其间未尝有可乐者。或以为可以解忧云耳。夫忧之可以解者，非真忧也，夫果有其忧焉，抑亦必不解也。况醉乡实不能解其忧也，然则入醉乡者，皆无有忧也。

刘伶与阮籍生活于魏晋权力更迭动荡之际，法网高悬，“名士少有全者”。沉于醉乡、不理世事是有效的自我保全之法，也是平衡内心激荡不安的无奈之举。现实的黑暗，对于士人而言，是个体的不幸，同时也是生民的不幸。因而，醉乡的设计，乃是士人对于安定美好之生活世界的渴望及对于当世的高声控诉：

元·黄公望《富春山居图》

> 醉之乡，去中国不知其几千里也。其土旷然无涯，无丘陵阪险；其气和平一揆，无晦明寒暑。其俗大同，无邑居聚落；其人甚精，无爱憎喜怒。吸风饮露，不食五谷，其寝于于，其行徐徐。与鸟兽鱼鳖杂处，不知有舟车器械之用。昔者黄帝氏尝获游其都，归而杳然丧其天下，以为结绳之政已薄矣。降及尧舜，作为千钟百壶之献，因姑射神人以假道，盖至其边鄙，终身太平。禹汤立法，礼繁乐杂，数十代与醉乡隔。其臣羲和，弃甲子而逃，冀臻其乡，失路而道夭，故天下遂不宁。至乎末孙桀纣，怒而升糟邱，阶级千仞，南向而望，卒不见醉乡。武王得志于世，乃命公旦立酒人氏之职，典司五齐，拓土七千里，仅与醉乡达焉，故四十年刑措不用。下逮幽厉，迄乎秦汉，中国丧乱，遂与醉乡绝，而臣下之爱道者，亦往往窃至焉。阮嗣宗、陶渊明等十数人，并游于醉乡，没身不返，死葬其壤，中国以为酒仙云。嗟乎，醉乡氏之俗，岂

古华胥氏之国乎？其何以淳寂也如是？今予将游焉，故为之记。

唐初士人王绩的《醉乡记》是戴名世《醉乡记》的直接源头。在王绩的文字中，醉乡是桃花源的另一名称，此一世界和平、安宁、平等而富足。醉乡是蒿目时艰者所设计的理想。相对于充满争斗、杀戮、欺诈与压迫的现实世界，醉乡只能是士人为现实所开出的几无实现之可能的药方。虽然醉乡只是纸上的世界，但这个世界的存在，却不断彰显着民众对于美好生活的渴望及对于丑恶政治的痛恨。与醉乡相并行而起的，尚有“睡乡”“寿乡”“君子乡”等大体相似的理想设计：

> 呜呼！自刘、阮以来，醉乡遍天下；醉乡有人，天下无人矣。昏昏然，冥冥然，颓堕委靡，入而不知出焉。其不入而迷者，岂无其人者欤？而荒惑败乱者，率指以为笑，则真醉乡之徒也已。

醉乡是士人心中的乌托邦，也是士人暂得解脱的桃源，但醉乡终究只是纸上的世界，乱世滔滔如故，率兽食人亦如故。戴名世知晓在醉乡中可以得到内心暂时的宁静，但似乎这位“倒置是非，语多狂悖”的读书人不能忘情于身在其中的现实世界，他更愿意做一个痛苦的行走于当世的醒者。这是一个士人隐于醉乡的时代，但入而不能出的士人，又如何能担荷兼济天下的责任？世人中更有一类人以从于流俗为大智慧，见特立独行之士多笑之以为愚蠢，则真是颟顸短视而几无心肝之醉人矣。

竹林七贤

寥寥数百字，满纸愤激之言。戴名世是时代清醒而痛苦的不合时宜者，终以文字下狱而死，其有必然乎？

（刘　顺）

三径就荒　松菊犹存

——魏禧《吾庐记》

1964年5月29日，复旦大学中文系教授蒋天枢（秉南）抵达广州中山大学，拜见自己的老师、著名的历史学家陈寅恪。此次师生相会，已入人生暮景且处境不佳的陈寅恪将自己著作整理出版的重任交付给蒋天枢。在师生相见的十数日中，陈寅恪写下了表露心曲的《赠蒋秉南序》：

陆建东《陈寅恪的最后20年》

清光绪之季年，寅恪家居白下，一日偶检架上旧书，见有易堂九子集，取而读之，不甚喜其文，唯深羡其事。以为魏丘诸子值明清嬗蜕之际，犹能兄弟戚友保聚一地，相与从容讲文论学于乾撼坤岌之际，不谓为天下之至乐大幸，不可也。

当读是集时，朝野尚称苟安，寅恪独怀辛有索靖之忧，果未及十稔，神州沸腾，寰宇纷扰，寅恪亦以求学之故，奔走东西洋数万里，终无所成。凡历数十年，遭逢世界大战者二，内战更不胜计。其后失明膑足，栖身岭表，已奄奄垂死，将就木矣。

默念平生固未尝侮食自矜，曲学阿世，似可告慰友朋。至若追踪昔贤，幽居疏属之南，汾水之曲，守先哲之遗范，托末契于后生者，则有如方丈蓬莱，渺不可即，徒寄之梦寐，存乎遐想而已。呜呼!此岂寅恪少时所自待及异日他人所望于寅恪者哉?

蒋天枢《陈寅恪先生编年事辑》

虽然，欧阳永叔少学韩昌黎之文，晚撰五代史记，作义儿冯道诸传，贬斥势利，尊崇气节，遂一匡五代之浇漓，返之淳正。故天水一朝之文化，竟为我民族遗留之瑰宝。孰谓空文于治道学术无裨益耶?蒋子秉南远来问疾，聊师古人朋友赠言之意，草此奉贻，庶可共相策勉云尔。

甲辰夏五七十五叟陈寅恪书于广州金明馆。

陈寅恪在这篇不足千字的赠序中，对自己的一生作了简要的回顾。陈寅恪生于清末，死于20世纪60年代，八十载的生命历程，几遭家国动荡，苦难备尝。晚年回眸往事，陈氏自许“念平生固未尝侮食自矜，曲学阿世，似可告慰友朋”。但相较隋末大儒王通可于汾水之阳讲学授徒、传学说于后世，“盖棺有日，出版无期”的陈寅恪已不敢保其学说必能行于后世。古代的士大夫处大过、离散之世，尤可友朋相聚、退居一方，以讲学著述，彰显生命的价值。明清嬗代之际，易堂九子相携而隐，著书立说，此事甚为陈寅恪所叹赏。光绪末年，陈寅恪于南京寓所的书架上，检得《易堂九子集》，“取而读之，不甚喜其文，唯深羡其事”。此易堂九子中的核心人物，即是《吾庐记》的作者魏禧。

江西翠微峰

魏禧（1624—1680年），字冰叔，宁都人。父兆凤，诸生。明亡，号哭不食，翦发为头陀，隐居翠微峰。是冬，筮离之乾，遂名其堂为“易堂”。旋卒。魏禧少秉父教，长而有成，与汪琬、侯方域并称清初散文三大家；与兄际瑞、弟礼合称宁都三魏；三魏兄弟与彭士望、林时益、李腾蛟、岳维屏、彭任等合称易堂九子。明清易代之后，易堂九子，隐居翠微峰勺庭，及魏礼再筑小屋于勺庭之左，魏禧遂作《吾庐记》以记其事：

季子礼，既倦于游，南极琼海，北抵燕，于是作屋于勺庭之左肩，曰：“此真吾庐矣！”名曰吾庐。

庐于翠微址最高，群山宫之，平畴崇田，参错其下，目之所周，大约数十里，故视勺庭为胜焉。

于是高下其径，折而三之。松鸣于屋上，桃、李、梅、梨、梧桐、桂、辛夷之华，荫于径下，架曲直之木为槛，垩以蜃灰，光耀林木。

客曰：“斗绝之山，取蔽风雨足矣。季子举债而饰之，非也。”或曰：“其少衰乎？其将怀安也。”

魏礼漫游中国南北，倦于旅程，欲为息肩之计，遂欲筑屋于翠微峰。翠微峰高出众山，视野开阔，风景优美，下有良田，是绝佳的隐居之所，有“云中莲叶秋池艳，天半桃花春井香”之美誉。魏礼所建的是简陋的隐者之居。《三辅决录》：“蒋诩，字元卿，舍中三径，惟羊仲、求仲从之游，皆挫廉逃名不出。”陶渊明《归去来兮辞》：“三径就荒，松菊犹存。携幼入室，有酒盈樽。引壶觞以自酌，眄庭柯以怡颜。依南窗以自傲，审容膝之易安。”小屋之上有松涛阵阵，小屋之前有清风习习，众花环绕，墙壁生辉，斯是陋室，贤者宜居。

北宋·郭熙《早春图》

方季子之南游也，驱车瘴疠之乡，蹈不测之波，去朋友，独身无所事事，而之琼海。至则飓风夜发屋，卧星露之下。兵变者再，索人而杀之，金铁鸣于堂户，尸交于衢，流血沟渎。客或以闻诸家，家人忧恐泣下，余谈笑饮食自若也。及其北游山东，方大饥，饥民十百为群，煮人肉而食。千里之地，草绝根，树无青皮。家人闻之，益忧恐，而季子竟至燕。

易代之后，士人多有出游者。全祖望《亭林先生神道表》曰："凡先生（顾炎武）之游，以二马三骡载书自随。所至厄塞，即呼老兵退卒询其曲折；或与平日所闻不合，则即坊肆中发书而对勘之。或径行平原大野，无足留意，则于鞍上默诵诸经注疏；偶有遗忘，则即坊肆中发书而熟复之。"士人出游，并非仅为徜徉山水，散心胸、观形胜，而实为激于大明亡国过程之中。士人能袖手谈心性之学，但对于地理、器械等实学却茫然无知，故行走山川边塞，知土物民风、历史沿革与山川形势，以促成民族学术的求实风气。魏礼游于岭南琼海之地，常露宿山野，备尝艰辛。此时，中国南方犹有残明之势力，故兵锋未止，民生涂炭，魏礼的行程自然也危险万端，但在家人友朋的惊恐忧惧之中，魏礼复北游燕赵之地：

客有让余者曰："子之兄弟一身矣，又唯子言之从。今季子好举债游，往往无故冲危难，冒险阻，而子不禁，何也？"余笑曰："吾固知季子之无死也。吾之视季之举债冒险危而游，与举债而饰其庐，一也。且夫人各以得行其志为适。终身守闺门之内，选耎趑趄，盖井而观，腰舟而渡，遇三尺之沟，则色变不敢跳越，若是者，吾不强之适江湖。好极山川之奇，求朋友，揽风土之变，视客死如家，死乱如死病，江湖之死如衽席，若是者，吾不强使守其家。孔子曰：'志士不忘在沟壑'。夫若是者，吾所不能而子弟能之，其志且乐为之，而吾何暇禁！"

魏礼之游，既有生命之忧，又短于川资，举债而作乱世游历，实为常人所不能理解，遂有人以此责怪魏禧。但在魏禧看来，人生于世，各有其性份所爱所长者，人生的得失取予，各从其心可也。况读万卷书、行万里路乃士人之本分，魏季子能做常人不能之事，广见闻、拓心胸、长见识，不胜于困守书斋、老死乡里于生民之况不起心动念者万万乎？归庄《与顾宁人书》曰："使兄不遇讼、不避仇、不破家，则一江南富人之有文才者耳，岂能身涉万里，名满天下哉！"季子好游，魏禧亦好游。"年四十，乃出游。于苏州交徐枋、金俊明，杭州交汪沨，乍浦交李天植，常熟交顾祖禹，常州交恽日初、杨瑀，方外交药地、槁木，皆遗民也。当是时，南丰谢文洊讲学程山，星子宋之盛讲学髻山，弟子著录

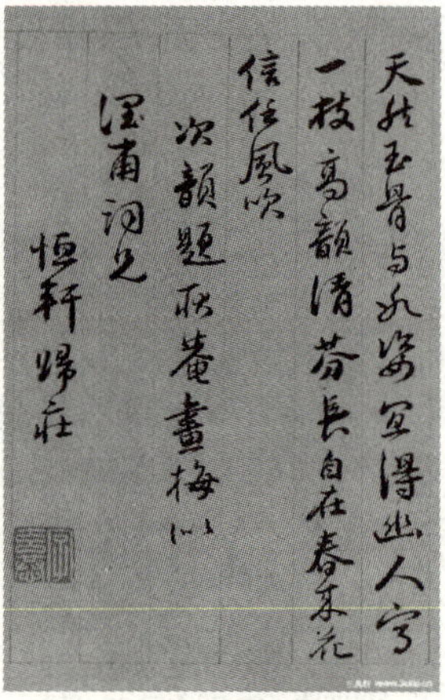
归庄手迹

者皆数十百人，与易堂相应和。易堂独以古人实学为归，而风气之振，由禧为之领袖。僧无可尝至山中，叹曰：‘易堂真气，天下无两矣！’”其兄其弟，相知可谓深矣！

季子为余言，渡海时舟中人眩怖不敢起，独起视海中月，作《乘月渡海歌》一首；兵变，阖而坐，作《海南道中诗》三十首。余乃笑吾幸不忧恐泣下也。

庐既成，易堂诸子，自伯兄而下皆有诗，四方之士闻者，咸以诗来会，而余为之记。

清·戴苍《魏禧看竹图》

季子是乱世中的勇者，故常能为人之所不能为。《论语·子罕》：“子曰：‘知者不惑，仁者不忧，勇者不惧。’”然后世儒生能及此生命境界者百不过一，庸庸碌碌者多，奔走名利者多，一不得意消磨人生志气于歌儿舞女者亦所在多有。魏季子行走乱世穷野蛮荒之地、刀刃锋镝之场，不失儒生勇者之姿，诚难得矣。《清史稿·文苑一》记其人其事曰：“性慷慨，重然诺，工诗文，喜任难事。郁郁不得志，遂弃诸生远游，足迹几乎及全国，每到一处，必结交贤豪隐逸之士。年五十，倦游而归，构屋五间于翠微峰左干山巅，构屋五楹，称‘吾庐’，因以自号。时伯子、叔子相继去世，易堂、勺庭久虚无人，诸子各散它处，独礼率妻儿居十七年以终。”魏禧亡后，诸子散去，唯有魏礼能终老于此。可谓能知昔日易堂九子相聚之精义者，魏禧于其言行多爱怜、赞叹之语，其无故乎？

（刘　顺）

山负雪景如画

——姚鼐《登泰山记》

姚鼐(1731—1851年),字姬传,一字梦谷,因其书斋名为惜抱轩,后世学者称之为惜抱先生,安徽桐城人。乾隆二十八年(1763年)进士,曾任礼部主事,迁刑部郎中,入四库馆,后为挂名御史。乾隆三十九年(1774年)冬辞官归里,开始长达40年的教书生涯。他一生著作颇丰,除《惜抱轩诗文集》外,还有《九经说》《春秋四传补注》《古文辞类纂》等传世。姚鼐一生积极着力于古文创作,将桐城古文的渊源追溯远至《史记》《汉书》,近至明代归有光,在创作中继承桐城前贤的古文理论和文风,并有进一步的发展和创新。姚鼐有意构拟桐城文统,在桐城派的形成过程中,被公认为是清代影响力最大、流传最广的散文流派——桐城文派的集大成者和领袖人物。

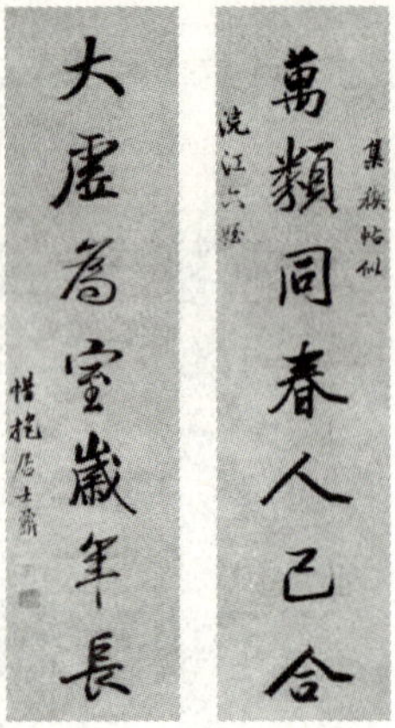

姚鼐书法

鼐幼嗜学,伯父姚范授以经文,又从刘大櫆学习古文。刘大櫆对姚鼐特别器重,称其“时甫冠带,已具垂天翼”“后来居上待子耳”。乾隆十五年(1750年),他二十岁考中举人后,经过五次礼部会试均名落孙山。直到乾隆二十八年(1763年)三十岁第六次应礼部试,才中进士,授庶吉士。3年以后,散馆改主事,分属兵部;旋又补礼部仪制司主事。后历任山东、湖南乡试副考官,会试同考官和刑部广东司郎中等职。乾隆三十八年(1773年),清廷开四库全书馆,姚鼐被荐入馆充纂修官。此职本应翰林方可充任,独鼐与休宁戴东源、兴化伍大椿、歙县程晋芳等8人破格当选。《四库全书》成,鼐乞养归里,不入仕途,时年44岁。大学士于敏中、梁国治先后动以高官厚禄,均被辞却。鼐言:“古之君子,仕非苟焉而已,将度其志可行于时,其道可济于众”,否则,不如“从容进退,庶免耻辱之在咎已尔”。

安庆敬敷书院

自乾隆四十二年（1717年）起，姚鼐先后主讲扬州梅花书院、安庆敬敷书院、歙县紫阳书院、南京钟山书院，致力于教育，因而他的弟子遍及南方各省。其中最著名的有本邑的方东树、姚莹、刘开，上元梅曾亮、管同，宜兴吴德旋，阳湖李兆洛，娄县姚椿，新城鲁九皋和他的外甥陈用光等。这些学生都是笃守师说、遵桐城家法的文人，对桐城派的传播作用甚大。桐城派古文之传，自方苞以文章称海内，上接震川，同邑刘大櫆继之益振，传至姚鼐则集大成。因此有“桐城家法，至此乃立，流风作韵，南极湘桂，北被燕赵”之说。历城周书昌说：“天下文章其在桐城乎！”

姚鼐与创始人方苞、刘大櫆并称为“桐城三祖”，被盛誉为“中国古文第一人”“中国古文的高峰”，其在继方、刘已有成就的基础上提倡文章要“义理”“考证”“辞章”三者相互为用。所谓“义理”就是程朱理学；“考证”就是对古代文献、文义、字句的考据；“辞章”就是写文章要讲求文采。这些主张充实了散文的写作内容，是对方苞“义法”说的补充和发展。在美学上，提出用“阳刚”“阴柔”区别文章的风格。“阳刚”就是豪放，“阴柔”就是婉约。两大风格相互配合，相互调剂，就产生出多样的风格。同时，又发展了刘大櫆的“拟古”主张，提出“神、理、气、味、格、律、声、色”为文章八要。学习古人，初步是掌握形式（格、律、声、色），进而是重视精神（神、理、气、味），才能达到高的境界。桐城派古文到了姚鼐形成完整的理论体系。姚鼐著有《惜抱轩全集》，所编《古文辞类纂》风行一时，有力地扩大了桐城派的影响。姚鼐对传统文论的另一重大贡献是提出富有创见性的“阴阳刚柔说”，这对我国古代散文审美理论和风格特征是一次重大突破。他认为，“天地之道，阴阳刚柔而已。文者天地之精英，而阴阳刚柔之发也”。文章阴阳刚柔的变化，乃是作者性格、气质、品德的表现。姚鼐在发展前辈的文学思想上，用阴阳刚柔这个哲学概念来解释文章风格的来源和散文的风格特点，其中包含着朴素的唯物论和辩证法思想。

姚鼐《古文辞类纂》

桐城派的文章，在思想上多为“阐释翼教”而作；在文风上，选取素材、运用语言，只求简明达意、条例清晰，不重罗列材料、堆砌辞藻，不用诗词和骈句，力求“清真雅正”，颇有特色。姚鼐的众多古文中具有较高艺术成就、被广为传诵的名文美文，大都是山水游记，如《登泰山记》《游灵岩记》《游媚笔泉记》《游双溪记》《观披雪瀑记》等。他的游记散文数目虽少，但以其独有的特色描绘了自然界的美丽风光，充分体现了桐城派古文的独特风格。其中《登泰山记》这一千古名篇，把泰山雪后初晴的瑰丽景象和日出的壮观场面真实动人地描绘出来。本文以时间为顺序，以游踪为线索，依次记叙了作者游泰山的历程和所见到的景色，剪裁得体，详略分明。桐城派主张的“雅洁”和反对“冗辞”，从这里可见一斑。

《登泰山记》共四部分。开头即写泰山，这第一部分介绍了泰山的地理位置和形势，开章写道：“泰山之阳，汶水西流，其阴，济水东流。”这一笔把山和水联系起来了。“阳谷皆入汶，阴谷皆入济”的两个“皆”字，顿挫有力，把泰山的水景由两条河铺开成面写去，点出了山南山北众多支流纵横交叉、终归一河的景色。横亘在阳谷与阴谷分界处的古长城给泰山增添了雄奇的色彩。高高耸立的日观峰突出了山势的高峻挺拔，又为下面观日出的主要活动埋下伏笔。作者用粗笔写出了山、水、古长城、日观峰几样景色，勾画了泰山有层次、有色彩、动静交织的总貌。简略的轮廓勾勒，线条清楚，给读者留下了大量联系、想象的余地。

泰　山

第二部分，写登山的路线和山巅观晚照。姚鼐登了泰山之巅，看到青山上驮着白雪，白雪明亮地照耀着南方的天空。他们极目远眺，只见夕阳照着城郭汶水、徂徕山，悬色美画，而山间停留着的云雾像带子一样。作者用最经济的笔墨描绘的泰山夕照图，景色逼真，意境开阔，有风雪初霁的光辉，有晚日照城郭山水的美景，还有那“半山居雾若带然”。这一句是神来之笔，它使这幅雪山晚晴图神采顿现，写出了泰

泰　山

山安详、明媚，肃穆中有温柔、飘逸、美的特殊风韵。这一笔给整个画面以无限的生机和情趣。作者写景摄取了大自然的灵魂，达到神真，不愧为写景的高手。

作者写日出，先造声势，从五更时分的风雪交加、云雾弥漫来衬托日出景象的瑰丽引入，接着写日出。日出景色在有限的时间里呈现出千姿百态的变化，极难状写。作者能捕捉到急速变幻中的景色特点，依次写出日出景象的绚丽多彩。

作者精笔细绘了太阳的形象后，就从日观峰以西的群山景象着笔，描写日出后的景色，“回视日观以西诸峰，或得日或否，绛皓驳色而皆若偻”。作者用群山的外围形象进一步开拓太阳这个中心形象，红白杂间的山景渲染了日上后的辽阔境界，表现了太阳的效果。群山“皆若偻”的想象里，带有作者的主观感受成分，这些山也和作者一样，被日出的壮景所陶醉折服了。

这一部分描写，色彩鲜明、形象生动、动静俱观，把太阳未出、将出、正出、出后的一系列连续画面描绘了出来，再现了日出前后瞬息万变的奇幻景色。

泰山十八盘

晚照固然媚丽动人，但日出更壮美，更有气势，更激人向上。这是自然景物本身在对比中所表现出来的丰富含义，也是作者之所以要长途跋涉、顶风冒雪，登临泰山一睹日出的原因吧！

姚鼐的《登泰山记》是中国散文史上的经典之作。作者不仅给我们描绘了一幅优美的登泰山图，而且我们也能够从中体悟出作者的精神状态，能够更好地反映出桐城派的古文特质。

（张迪平）

人生有情泪沾臆：我辈钟情

《太平广记》中载唐代欧阳詹事，言其见所爱者之绝笔一恸而殒。如此故事，古人诗文中屡见不鲜，汤显祖曰：“情不知所起，一往而深，生者可以死，死可以生”，情之移人，可谓深矣。人事万态，情有多种。情之所起，或源于先天，如亲子之爱，此诚“难知所起者”；或源于后天，如友情、爱情，此可解之以“两情相悦”。然感情之起，实本源于你我同在“此一世界”之中的基本事实；情之所至，表现出的也是你我对于你我同在的“一体之感”的珍视。由于人生相遇的偶然与离别的常然，有情者愿以梦魂相守此世的相聚，更有甚者，遂定三生之约；由于“情”有缘自先天者，故不知此情，不珍视此情者，如见孺子入井而无怵惕恻隐之心者非人也；由于“情”有缘自后天者，故无情者不足与交，其虽生于攘攘人世而实无异于面墙而立。

孤子遇生　命独当苦

——方苞《逆旅小子》

《晋书》中曾有一则小故事，大臣王衍的小儿子死了，山简去吊祭，王衍悲痛万分，山简就安慰他说，死去的是一个年幼的孩子，你不必过于伤怀。王衍说，圣人是可以忘情的人，最愚蠢的人是不懂得感情的人，真正懂情的正是你我这样的人，我又如何能够不悲伤。山简为王衍的话所打动，亦为之泪下。人生于世，如太白所言不过是暂住天地之间的过客。与病痛、苦难、生离、死别相伴的人生，正因为此一“情”方有意味，方值得留恋，但人间别有一种不及情的人。孟子曾曰“人之异于禽兽者几希”，人与兽不过一间之转。禽兽间尚有“天南地北双飞客，老翅几回寒暑”的不渝之情，人若不知情，岂非禽兽亦不如？

戊戌秋九月，余归自塞上，宿石槽。逆旅小子形苦羸，敝布单衣，不袜不履，而主人挞击之甚猛，泣甚悲。叩之东西家，曰“是其兄之孤也。有田一区，畜产什器粗具，恐孺子长而与之分，故不恤其寒饥而苦役之；夜则闭之户外，严风起，弗活矣。”余至京师，再书告京兆尹，宜檄县捕诘，俾乡邻保任而后释之。

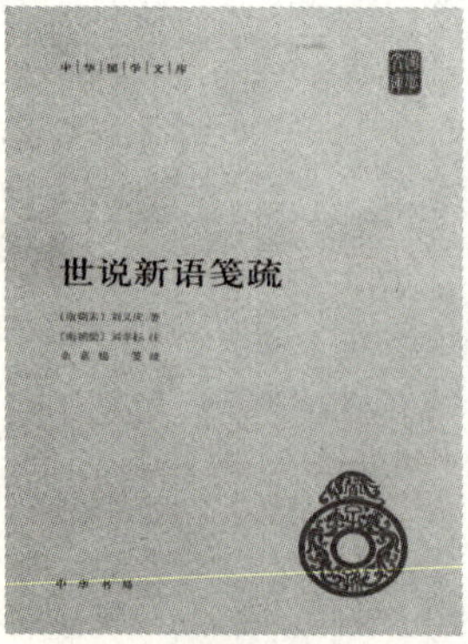

余嘉锡《世说新语笺疏》

康熙五十七年（1718年），方苞自塞上归京师，夜宿于石槽的旅店中。店中有一个身体瘦弱的打杂小童。九月寒风中，小童身穿破旧的单衣，脚上亦无鞋袜。旅店的主人似乎铁石心肠，不断责打悲泣的小童。方苞向邻人询问，才知道被打的小童原来的店主的侄儿。小童的父亲死时留下了一些器物和田产，店主担心小童长大后会索要遗产，因而对其毫不关心。小童在店中打杂，辛劳至极，但夜晚却只能宿于野外。若寒风渐起，天气转寒，小童必死矣。人性的可恶，其一即为利欲熏心，而若由此所伤及者为友朋亲人，狠毒犹胜于尚知“不食子”的猛虎。《汉乐府》中有一首《孤儿行》所言及的也是孤儿的苦难：

孤儿生，孤子遇生，命独当苦。父母在时，乘坚车，驾驷马。父母已去，兄嫂令我行贾。南到九江，东到齐与鲁。腊月来归，不敢自言苦。头多虮虱，面目多尘土。大兄言办饭，大嫂言视马。上高堂，行取殿下堂。孤儿泪下如雨。使我朝行汲，暮得水来归。手为错，足下无菲。怆怆履霜，中多蒺藜。拔断蒺藜肠肉中，怆欲悲。泪下渫渫，清涕累累。冬无复襦，夏无单衣。居生不乐，不如早去，下从地下黄泉。春气动，草萌芽。三月蚕桑，六月收瓜。将是瓜车，来到还家。瓜车反覆。助我者少，啖瓜者多。愿还我蒂，兄与嫂严。独且急归，当兴校计。乱曰：里中一何诿诿，愿欲寄尺书，将与地下父母，兄嫂难与久居。

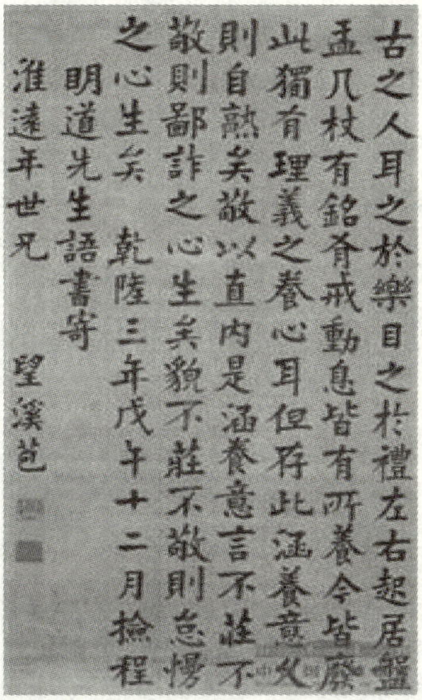

方苞《楷书程明道语录轴》

父母双亡的孤儿与兄嫂共同生活，日夜辛劳，却少能得兄嫂的关爱。孤独而忧伤的孤儿，想让黄泉下的父母知晓寄于兄嫂檐下的委屈与艰辛。若千年后的石槽的小童读到这篇文字，不知是否会羡慕汉代孤儿的处境。方苞到京师之后，给京兆尹写信，希望他能让州县的官员拘捕店主，待其向四邻确保善待小童后再释放他。可惜，方苞的文字中没有留下任何与小童心理相关的文字，不知痛苦至极的小童，是否抱怨过自己的命运，也不知小童是否有对于日后生活的想象。《南史·范缜传》：“子良问曰：‘君不信因果，何得富贵贫贱？’缜答曰：‘人生如树花同发，随风而堕，自有拂帘幌坠于茵席之上，自有关篱墙落于粪溷之中。坠茵席者，殿下是也；落粪溷者，下官是也。贵贱虽复殊途，因果竟在何处？’”人生就像同一棵树上被狂风吹落的花瓣，虽然花瓣曾开放于同一枝头，但落于何处，却只能由狂风做主。或许对于小童来说，父母的早亡、叔嫂的狠毒，是他的命运，本无道理可言。但对于孤苦并仰人而活的小童而言，如此的解释，似乎又太无情。

逾岁四月，复过此，里人曰："孺子果以是冬死，而某亦暴死，其妻子、田宅、畜物皆为他人有矣。"叩以"吏曾呵诘乎?"则未也。

昔先王以道明民，犹恐顽者不喻，故"以乡八刑纠万民"，其不孝、不弟、不睦、不姻、不任、不恤者，则刑随之，而五家相保，有罪奇邪则相及，所以闭其涂，使民无由动于邪恶也。管子之法，则自乡师以至什伍之长，转相督察，而罪皆及于所司。盖周公所虑者，民俗之偷而已，至管子而又患吏情之遁焉，此可以观世变矣。

舐犊情深

第二年的四月，方苞再次经过石槽，那个可怜的小童，果然冻死于去年的寒风中。不久，店主也突然暴亡，其妻儿、田产、房屋、畜物均归于他人。方苞曾致信京兆尹，但似乎官方从未过问过此事，店主之死，或许竟为冥冥之天意使然。古人有言："天道循环，报应不爽。"世间之无心肝者、作恶者，遂能成一时之欲，亦终将遭受惩罚。从前先王用道义教育百姓，但还是担心有愚顽不灵的人，所以用"乡八刑"监督百姓守法，对不孝父母、不顺兄长、家庭不和睦、姻亲不和善、对朋友不讲信用、见别人有危难不帮助的人，就按刑法给予处罚，五家相互担保，有犯奇怪邪恶罪行的，便五家都受到牵连，以此来防止百姓犯罪，使百姓无从产生邪恶念头。管子的法制，则是从乡师到基层的负责人，互相监督，出现了犯罪的，便要受到追究。原来周公所担心的，只是百姓习惯于苟且偷安。至于管子，又更担心官吏玩忽职守，此一点的不同即可以见出世道的变化。

小童之死，虽死于叔婶之手，但其四邻见小童之难而不能伸一援手救之，官员僚吏知小童之苦亦不肯解救之，则小童之死，果死于叔婶之手乎？方苞于周公、管子之不同三致意焉，又岂可以闲言语视之？呜呼，人生有人形而竟可禽兽不如乎？

（刘　顺）

子勿死去　子竟死去

——林觉民《与妻书》

1690年，西藏门隅邬坚林寺附近的一个八岁农家男童被他的叔叔带到了拉萨布达拉宫。这个后来成为藏传佛教六世达赖的名为仓央嘉措的男童，在今天因为一首署名权未能完全确定的诗歌，成为广为人知的多情僧人：

转经筒

那一夜 / 我听了一宿梵唱 / 不为参悟 / 只为寻你的一丝气息
那一月 / 我转过所有经轮 / 不为超度 / 只为触摸你的指纹
那一年 / 我磕长头拥抱尘埃 / 不为朝佛 / 只为贴着了你的温暖
那一世 / 我翻遍十万大山不为修来世只为路中能与你相遇
那一瞬 / 我飞升成仙 / 不为长生 / 只为佑你平安喜乐
那一天 / 那一月 / 那一年 / 那一世
那一天 / 我闭目在经殿的香雾中 / 蓦然听见 / 你诵经的真言
那一月 / 我转动所有的经筒 / 不为超度 / 只为触摸你的指尖

那一年 / 我磕长头匍匐在山路 / 不为觐见 / 只为贴着你的温暖

那一世 / 我转山转水转佛塔呀 / 不为修来世 / 只为在途中与你相见

天空中洁白的仙鹤 / 请将你的双翅借我 / 我不往远处去飞 / 只到理塘就回

静思图

只因,那一次偶然的相遇,我便再无法将你忘记,抛却了信仰,舍弃了轮回,改变了自己,一切只因为你。从未有一种人生的相遇会如同男女的相遇这般刻骨铭心。为何"空着我透骨髓相思病染"竟敌不得"她临去时秋波那一转"?为何你我本天各一方,竟然"这位妹妹好似在哪里见过"?相传以前杭州西湖有座月老祠,门前一副对联:"愿普天下有情的都成了眷属,是前生里注定事莫错过因缘",原来你我竟是那前生里注定了的有情的你和我。春日游园的杜丽娘在梦中见到了书生柳梦梅,相思成疾,一病不起。后柳梦梅游此园竟唤得丽娘复生:

天下女子有情,宁有如杜丽娘者乎!梦其人即病,病即弥连,至手画形容传于世而后死。死三年矣,复能溟莫中求得其所梦者而生。如丽娘者,乃可谓之有情人耳。情不知所起,一往而深,生者可以死,死可以生。生而不可与死,死而不可复生者,皆非情之至也。

男女间的情感何等的奇妙,不知所起,却不碍一往情深,生死以之。有多少美丽的爱情就会有多少或美丽或忧伤或美丽而忧伤的故事。因为有了这些故事,有了承载这些故事的文字,人生才有了如此的意味。

意映卿卿如晤:

吾今以此书与汝永别矣!吾作此书时,尚为世中一人;汝看此书时,吾已成为阴间一鬼。吾作此书,泪珠和笔墨齐下,不能竟书而欲搁

并蒂莲

笔。又恐汝不察吾衷，谓吾忍舍汝而死，谓吾不知汝之不欲吾死也，故遂忍悲为汝言之。

吾至爱汝！即此爱汝一念，使吾勇于就死也！吾自遇汝以来，常愿天下有情人都成眷属，然遍地腥云，满街狼犬，称心快意，几家能够？司马青衫，吾不能学太上之忘情也。语云，仁者"老吾老，以及人之老；幼吾幼，以及人之幼"。吾充吾爱汝之心，助天下人爱其所爱，所以敢先汝而死，不顾汝也。汝体吾此心，于啼泣之余，亦以天下人为念，当亦乐牺牲吾身与汝身之福利，为天下人谋永福也。汝其勿悲！

1911年4月24日深夜，即将参加广州起义的林觉民，给自己的妻子陈意映留下了一封文采绝艳、深情隽永的诀别家书。时年25岁的林觉民选择用自己的死去争取这个国家生命的复苏。他本可以为自己的妻子而活，不只是对于对方和家庭负责。这是一场男女相悦的婚姻，作为有情人，他本该为对方而活，只是残酷时代将这个有情人抛到了不能兼顾的选择面前。这封"泪珠和笔墨齐下"的家书，展开了一份动人的爱情：

苏州狮子林

汝忆否？四五年前某夕，吾尝语曰："与使吾先死也，无宁汝先吾而死。"汝初闻言而怒，后经吾婉解，虽不谓吾言为是，而亦无词相答。吾之意盖谓以汝之弱，必不能禁失吾之悲，吾先死留苦与汝，吾心不忍，故宁请汝先死，吾担悲也。嗟夫！谁知吾卒先汝而死乎？吾真不

黄花岗"精神不死"纪念碑

能忘汝也！回忆后街之屋，入门穿廊，过前后厅，又三四折，有小厅，厅旁一室，为吾与汝双栖之所。初婚三四个月，适冬之望日前后，窗外疏梅筛月影，依稀掩映，吾与汝并肩携手，低低切切，何事不语？何情不诉？及今思之，空余泪痕。又回忆六七年前，吾之逃家复归也，汝泣告我："望今后有远行，必以告妾，妾愿随君行。"吾亦既许汝矣。前十余日回家，即欲乘便以此行之事语汝，及与汝相对，又不能启口；且以汝之有身也，更恐不胜悲，故惟日日呼酒买醉。嗟夫！当时余心之悲，盖不能以寸管形容之。

《诗经·唐风》中有一首名为《葛生》的小诗，说的是一个守寡女子的忧伤：所爱者死去了，世间一切的美好都不再与我相关，时间多么漫长，多么单调。"夏之日，冬之夜。百岁之后，归于其居。冬之夜，夏之日。百岁之后，归于其室"，我好想与他地下相聚。死别是爱情最大的敌人，无法摆脱的思念和难以忍耐的孤独寂寥将苦苦折磨着后死者。古稀之年的陆游重游沈园，此时被迫改嫁的唐婉已死，陆游回念往事，写下了《沈园二首》："梦断香消四十年，沈园柳老不吹绵。此身行作稽山土，犹吊遗踪一泫然。"时间似乎能冲淡一切，又似乎对于某些记忆与情感无能为力。因为对于妻子爱得深切，因为知晓后死者的苦痛，林觉民愿意成为后死者。因为两情相悦，日常生活的细节，意味十足。犹能记起"妆罢低声问夫婿，画眉深浅入时无"的相对笑语，犹能记起"莫为天涯孤旅"的谆谆告诫。只是被裹挟入历史大事件中的林觉民似乎只能选择踏上孤独的旅程，将漫长的等待和思念留给已有一子且又有身孕的后死者陈意映。为何林觉民竟不能只爱陈意映？为何林觉民竟不能不爱？

吾诚愿与汝相守以死，第以今日事势观之，天灾可以死，盗贼可以死，瓜分之日可以死，奸官污吏虐民可以死，吾辈处今日之中国，国中无地无时不可以死，到那时使吾眼睁睁看汝死，或使汝眼睁睁看吾死，吾能之乎？抑汝能之乎？即可不死，而离散不相见，徒使两地眼成穿而骨化石，试问古来几曾见破镜能重圆？则较死为苦也，将奈之何？今日吾与汝幸双健。天下人不当死而死与不愿离而离者，不可数计；钟情如我辈者，能忍之乎？此吾所以敢率性就死不顾汝也。吾今死无余憾，国事成不成自有同志者在。依新已五岁，转眼成人，汝其善抚之，使之肖我。汝腹中之物，吾疑其女也，女必像汝，吾心甚慰；或又是男，则亦教其以父志为志，则吾死后尚有二意洞在也，甚幸，甚幸！吾家后日当甚贫，贫无所苦，清静过日而已。

吾今与汝无言矣。吾居九泉之下遥闻汝哭声，当哭相和也。吾平日不信有鬼，今则又望其真有。今人又言心电感应有道，吾亦望其言是实，则吾之死，吾灵尚依依旁汝也，汝不必以无侣悲。

吾生平未尝以吾所志语汝，是吾不是处；然语之，又恐汝日日为吾担忧。吾牺牲百死而不辞，而使汝担忧，的的非吾所忍。吾爱汝至，所以为汝谋者惟恐未尽。汝幸而偶我，又何不幸而生今日之中国！吾幸而得汝，又何不幸而生今日之中国，卒不忍独善其身。嗟夫！巾短情长，所未尽者，尚有万千，汝可摹拟得之。吾今不能见汝矣！汝不能舍吾，其时时于梦中寻我乎！一恸！辛亥三月廿六夜四鼓，意洞手书。

家中诸母皆通文，有不解处，望请其指教。当尽吾意为幸。

吾爱，我将死去，只为那天下有太多不当死而死与不愿离而离者，我将为他们而死，为今日的中国而死；吾爱，我将死去，只因你知我为何而死，故我敢于死去；吾爱，我将死去，只因你会为我而活，故我可以死去。吾爱，我竟不愿死去，只因我愿执手而行与你偕老；吾爱，我竟不愿死去，只因从此相隔，我竟只能在梦里与你相见。

数日后，林觉民血洒黄花岗，为了他认定的选择死去。《箜篌引》词曰："公无渡河，公竟渡河，堕河而死，将奈公何！"不知陈意映的心里是否也曾有过这样一首《箜篌引》："子勿死去，子竟死去，埋骨于此，我思公何！"

（刘　顺）

缠绵悱恻　哀婉真切

——袁枚《祭妹文》

袁枚少有才名，擅长写诗文，乾隆四年（1739年）24岁参加朝廷科考，33岁父亲亡故，辞官养母，在江宁（南京）购置隋氏废园，改名“随园”，筑室定居，世称随园先生。好友钱宝意作诗颂赞他：“过江不愧真名士，退院其如未老僧；领取十年卿相后，幅巾野服始相应。”他亦作一副对联：“不作高官，非无福命祇缘懒；难成仙佛，爱读诗书又恋花。”自此，他在随园过了近50年的闲适生活，他在给友人程晋芳的信中说：“我辈身逢盛世，非有大怪癖、大荒诞，当不受文人之厄。”袁枚晚年游历南方诸名山，与诗友交往。生平喜称人善、奖掖士类，提倡妇女文学，广收女弟子，为当时诗坛所崇。袁枚与赵翼、张问陶（船山）并称乾嘉性灵派三大家。袁枚为“清代骈文八大家”“江右三大家”之一，文笔又与大学士直隶纪昀齐名，时称“南袁北纪”。

袁枚（1716—1797）

袁枚《小仓山房诗文集》

袁枚著有《小仓山房集》、《随园诗话》16卷及《补遗》10卷、《新齐谐》24卷及《续新齐谐》10卷，散文、尺牍等30余种。袁枚之妹袁机亦甚具学识，《如皋县志》《杭州府志》《清史稿·列女传》皆有传。袁机于乾隆二十四年（1759年）卒，袁枚八年后写成的散文代表作《祭妹文》哀婉真挚，流传久远。这篇哀悼亡妹素文的祭文，记事细琐，而情深意挚，哀婉凄切，与韩愈的《祭十二郎》、欧阳修的《泷冈阡表》均被评论家誉为古代悼文中“鼎足而三”的杰作。

袁枚的三妹素文，身世可悲。她由于少习礼教，蹈守与高家的“指腹为婚”之约，终于酿成悲剧。据袁枚写的《女弟素文传》所记，素文婚前，婆家已派人来毁约辞婚，理由是夫婿品德不好。然而素文执意按封建礼教的要求嫁到高家。夫婿貌丑、性格暴戾，品行不端，素文一忍再忍，最后夫赌输，几乎缚素文去卖。素文不堪虐待，才由父亲讼官与夫离婚。回母家居住后，始终感到孤独失意，郁郁寡欢。袁枚对亡妹生前的不幸深表同情，他在《哭素文三妹诗》曾写道："少守三从太认真，读书误尽一生春。"在这篇《祭妹文》中里，他也说："使汝不识诗书，或未必坚贞若是。"这些评语表现了袁枚对封建礼教的不满和对妹妹青春被贻误深感痛惜。素文贤淑顺良，知书识礼，身世不幸而又早亡，确实令人同情，作者与素文相处之日长，往来之情厚，一旦失主，格外悲怆。文章以第二人称直呼亡妹为"你"，整篇祭文似乎面对死者如泣如诉，加上作者把追思、哀伤、抱憾交融于字里行间，使这篇文章的情韵凄切悱恻、缠绵忧伤。

常言说，旧境最能催人伤悼。袁枚正是在失掉亲人之后，情不由己追忆旧事，将依依深情、悠悠哀思，寄寓在琐琐屑屑的往事中，让兄妹间的手足情谊，真实而生动地再现眼前。例如，儿时与素文共同捉虫、葬虫、同窗共吟；稍大后兄妹离别之悲、相逢之喜；素文归后的相互依赖、关照，特别是病榻前妹妹对自己无微不至的关怀，都写得历历如绘。如今时过人亡，追忆往事，触目感怀，正如作者所叙，"旧事填膺，思之凄梗"。

余捉蟋蟀，汝奋臂出其间；岁寒虫僵，同临其穴。今予殓汝葬汝，而当日之情形，憬然赴目。予九岁，憩书斋，汝梳双髻，披单缣来，温《缁衣》一章；适先生奓户入，闻两童子音琅琅然，不觉莞尔，连呼"则则"，此七月望日事也。汝在九原，当分明记之。予弱冠粤行，汝掎裳悲恸。逾三年，予披宫锦还家，汝从东厢扶案出，一家瞠视而笑，不记语从何起，大概说长安登科、函使报信迟早云尔。凡此琐琐，虽为陈迹，然我一日未死，则一日不能忘。旧事填膺，思之凄梗，如影历历，逼取便

黛玉葬花

逝。悔当时不将婴娩情状，罗缕记存；然而汝已不在人间，则虽年光倒流，儿时可再，而亦无与为证印者矣。

仕女图

作者回忆往事，不是记流水账，而是选择了可喜可悲的往事，用特写的手法，描写素文的音容笑貌，借助鲜明的形象来寄寓深沉的哀思。素文小时的形象就写得楚楚动人，令人怜爱，如“奋臂”捉虫，梳着“双髻”，披着“单缣”，来书房和“我”共读，“音琅琅然”，多么伶俐可爱、天真活泼。然而这些都成为过去的事了，即使时光能倒流，素文已经不复存在人世，这样的回忆，只能增加失妹的痛苦。接着写兄妹长大后，双方的眷念之情，兄离家，妹“犄裳悲恸”；兄回家，妹“扶案出”“瞠视而笑”，将素文的一悲一喜，写得逼真感人，特别是“扶案”而出一句，形象地表现了素文听说兄归后，喜出望外失去自恃的情态。素文弥留之际，作者对家人种种悲痛情状，均略去不写，只集中描绘素文的“一目未瞑”，忍死以待兄归的容貌，生离死别，难分难离，千思万念尽在一目中传情，读罢令人肠断。

作者还注意运用对比、衬托手法，加重文章凄恻悲怆的气氛。例如，袁枚小时与妹妹游戏，共同凭吊冻死的小虫，如今却孤单一人来埋葬妹妹，两种情景，不同情味，在对比中增加了祭妹的种种忧伤情思。又如，袁枚卧病不起时，素文在身旁悉心照料，百般劝慰；可素文病危时，袁枚却远调扬州，无从照顾，连诀别都来不及。两相对照，作者怎能不抱憾终身。在哀思中渗入这无以弥补的“无涯之憾”，更显得悲伤忧戚。在交代安排亡妹后事中，显示了袁枚的尽心尽力，似乎可以得到几分慰藉，但文笔一转，又极言家人丁口萧然、自己身后悲凉的情况：

明·沈周《京江送别图》

所怜者，吾自戊寅年读汝哭侄诗后，至今无男；两女牙牙，生汝死后，才周晬耳。予虽亲在未敢言老，而齿危发秃，暗里自知，知在人间尚复几日？阿品远官河南，亦无子女，九族无可继者。汝死我葬，我死谁埋？汝倘有灵，可能告我？

素文溘然与世长辞，诚然可悲，但尚有“我”这位兄长妥为安排后事，那么“我死谁葬”呢?这是以自己身后无人照拂来烘托失掉素文的悲苦，情调凄凉。一句一泪，一字一咽，令人不忍卒读。

这篇祭文的环境描写，是作者在安葬素文时眼中之景，包含着作者内心无限哀痛之情。

先茔在杭，江广河深，势难归葬，故请母命而宁汝于斯，便祭扫也。其旁葬汝女阿印；其下两冢：一为阿爷侍者朱氏，一为阿兄侍者陶氏。羊山旷渺，南望原隰，西望栖霞，风雨晨昏，羁魂有伴，当不孤寂。

……

呜呼！生前既不可想，身后又不可知；哭汝既不闻汝言，奠汝又不见汝食。纸灰飞扬，朔风野大，阿兄归矣，犹屡屡回头望汝也。呜呼哀哉！呜呼哀哉！

清明祭祀

此时作者站在素文的茔坟前，联想到此地远隔。故乡杭州，江广河深，无奈将素文安葬在南京郊外的羊山上。这里荒凉旷渺，南面是漠漠低湿平原，西面是苍苍耸立的栖霞山。想到晨昏暗淡、风雨凄凄的时候，妹妹孤魂无依，怎能不触目伤情。祭奠完毕，挥泪告别，可是袁枚又怎能忍心离去，情不自禁，屡屡回头望那荒漠野地的新坟，此时“纸灰飞扬，朔风野大”，这扑朔迷离、凄凄惨惨的景象，使袁枚再也无法抑制悲恸的感情，连连呼喊“呜呼哀哉”，以喷发而出的悲痛的呼声收束全文。这好似一曲悲歌的尾音，萦绕回荡，哀婉凄切，撼人心灵。

元代陈绎曾的《诗谱》曾有这样一句话："情真、景真、事真、意真，澄至清，发至情。"用它来说明《祭妹文》的艺术美是再恰当不过的了。作者以真实的感情，记叙了兄妹间亲密的感人的事，描绘了逼真传神的形象，渲染了凄清的环境，从而构成了事真、意挚、情深的凄婉哀伤的境界。这大概就是为什么哀悼一位平常的妇女，却能与广大读者发生共鸣的原因吧！

（李　勇）

遇合深奇　终始不易

——柳如是《寄钱牧斋书》

柳如是，原名杨爱，后改名柳隐，因读辛弃疾词："我见青山多妩媚，料青山见我应如是"，故自号如是；后又称"河东君""蘼芜君"。名列"秦淮八艳"，与李香君、卞玉京芳菲斗采，而诗文有独擅之誉，尤长尺牍，时人许之"艳过六朝，情深班蔡"。其如"鹃声雨梦，遂若与先生为隔世游矣"一通，缥缈之至、空灵之至复又蕴藉之至，时人写西湖之美、人情之切者少可比肩。柳氏少年时即流落娼门，稍长又逢明季之动荡，实可谓生非其时。飘零乱世，柳隐曾先后爱恋名士宋徵舆、陈子龙，均无果，后终下嫁明末文坛祭酒钱谦益(牧斋)。牧斋待之以正妻之礼，并售宋版《汉书》建绛云楼，对柳氏颇为爱怜。柳氏萍寄吴越数十载，至此方得一安顿之所。

仕女图

顺治四年(1647年)，身在常熟的钱谦益被逮捕送京，时柳如是重病卧床。逢此家变，柳氏抱病随行，奔走营救，《寄钱牧斋书》即作于此时：

> 古来才子佳妇，儿女英雄，遇合甚奇，终始不易。如司马相如之遇文君，如红拂之归李靖，心窃慕之。自悲沦落，堕入平康。
>
> 每当花晨月夕，侑酒征歌之时，亦不鲜少年郎君，风流学士，绸缪缱绻，无尽无休。但是事过情移，便如梦幻泡影，故觉味同嚼蜡，情似春蚕。年复一年，因服饰之奢靡，食用之耗费，入不敷出，渐渐债负不

赀，交游淡薄。故又觉一身躯壳以外，都是为累，几乎欲把八千烦恼丝割去，一意焚修，长斋事佛。

钱柳结缡之时，柳隐年二十四，而牧斋已近花甲之年。钱柳因缘殊非年龄相当之“才子佳人”模式，然钱柳两人亦自非世间一般之男女。柳氏此书以年少时的歌舞风流为梦幻泡影，以华服美食为作茧自缚，徒增烦恼。柳如是珍视“遇合甚奇”而能“终始不易”的男女之爱，但曾经陪伴身边的年少佳公子，似乎多为逢场作戏之人。在柳氏对往事的回眸中，钱牧斋才是身处困境的柳隐足可依赖的男子，也自然是柳氏欲相伴始终之人。当牧斋仓皇上路，入狱南京，旧雨新知多避之而不及之时，柳氏谆谆告白之语，当可安慰牧斋之心魄。

自从相公辱临寒家，一见倾心，密谈尽夕。此夕恩情美满，盟誓如山，为有生以来所未有，遂又觉入世尚有此生欢乐。复蒙挥霍万金，始得委身，服伺朝夕。春宵苦短，冬日正长。冰雪情坚，芙蓉帐暖；海棠睡足，松柏耐寒。此中情事，十年如一日。

崇祯十一年（1638年），二十岁的柳如是与钱谦益相识。崇祯十三年（1640年）柳以男妆相、柳儒士之名再会钱谦益，钱随后筑“我闻”于半野堂畔。崇祯十四年（1641年），钱谦益以正妻之礼迎娶柳氏，开始了两人二十余年的婚姻生活。此年，钱有诗作《秋夕燕誉堂话旧事有感》：

东虏游魂三十年，老夫双鬓更皤然。
追思贯酒论兵日，恰是凉风细雨前。
埋没英雄芳草地，耗磨岁序夕阳天。
洞房清夜秋灯里，共检庄周说剑篇。

此首七律是钱谦益佳作之一，亦为探究钱柳姻缘的重要史料。柳如是信中所谈及两人相见倾心，十年来情爱弥笃之情况，可由此诗推见。同有家国情怀并参与反清复明大业的两人，诚以知己相许，故轩窗夜话，家事国事两相宜。钱牧斋身为明末之际文坛领袖，享誉甚高。然其一生意向，非但愿于文坛领一代风骚，于政治生活亦有较大之抱负。其曾言：“余少壮而好论兵，抵掌白山黑水

柳如是山水画作

间”，明显可见，此老于“百夫长”与“一书生”之间实欲鱼和熊掌而兼得。钱牧斋以当时文坛之声望，欲出阁入相，展平生抱负。故于明末之际，多方奔走，以求入阁拜相，但其在周延儒、温体仁的争权中失势，入阁拜相的抱负，终化为泡影。此诗正是钱牧斋争宰相不得，获罪罢归，且与河东君结缡后不久而作。钱牧斋的心态在此诗中暴露无遗。

“东虏游魂三十年，老夫双鬓更皤然。”此一句中关键在于“东虏”二字之作何理解。瞿九思《万历武功录·努尔哈赤列传》：“努尔哈赤故王台部也。后叛走建州，带甲数千人，雄东边。遂为都指挥。始王台时，畏德，不敢与西北诸酋合。久之卜寨那林起，常窥隙，略我人畜……”故在此“东虏”二字应指努尔哈赤的建州军。明代的276年，外患不断；1644年，明亡于清。钱氏少好谈兵，处国家多事之秋，自然有投笔从戎之志。少年时曾在天启元年的浙江乡试中作谈兵之篇。时光如白驹过隙，三十载转瞬即逝。英雄渐老，国势日危。钱牧斋既睹国家之现状，复思之处境。镜中白发，额上长纹，纵复英雄恐亦难不出此叹。

“追思贳酒论兵日，恰是凉风细雨天。”此一联，紧承上联而来。当现实已无法收拾之际，旧梦重温，倒不失为一上上之举。故陆放翁“僵卧孤村不自哀”，为其有梦；苏东坡“十年生死两茫茫”亦因梦而致缠绵。故无论为国、为家，为恨、为爱，旧日追思于英雄而言是为不可少也。牧斋争宰相不得，获罪罢归。心中之郁闷可想而知。加之新娶之河东君又为女中豪杰之人物，酒逢知己，得以一浇心中块垒。但酒酣耳热过后，感情渐复平静，伤感便随之袭来。青春已逝，虽博得文坛薄名，然昔日胸中抱负，终付之流水。昔日之飞扬已转而为老来之颓唐。有如此之转变，故“贳酒论兵日”恰是“凉风细雨天”。此一句既可看作写实，记当时乡试之日实地实景，亦可看作虚写以“凉风细雨”代白首追思之际“江湖风雨愁煞人”之心情。“英雄无用武之地”是为千载而下文人志士之常痛。有心者读至牧翁此句，对其当日之心情或可有了解之同情。

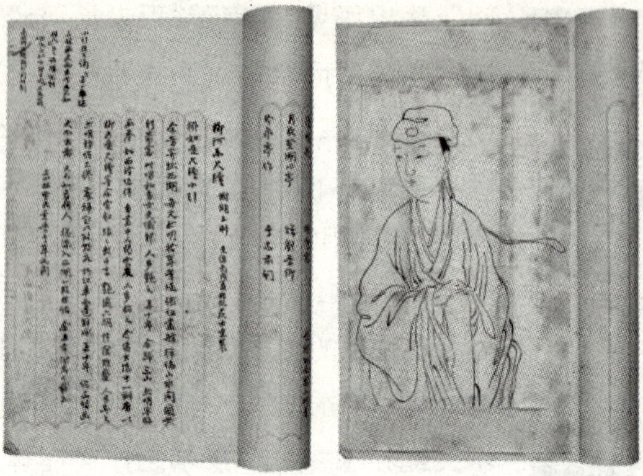

柳如是集

“埋没英雄芳草地，耗磨岁序夕阳天。”此一联，已由沉郁之悲愤转而为欲平静面对所遭之现实。牧斋作诗喜用典故，其所用之典又多今典，故难以详细准确解释其所言之“英雄”，是指往古已逝的足称英雄者，抑或为当日为国为民而足称英雄者。郑笺难作，不妨妄测，姑成一人之解悟。吾在此将其等同于阮步兵所言之“世无英雄，使竖子成名”之“英雄”。故牧翁此联既含对昔日建功立业的英雄的追思，又复含对当朝如周延儒、温体仁、马士英流辈之不齿。于此联可见此老自视甚高，但投足无门，东山再起无望，虽崇祯十四年（1641年）三月朝廷再召钱入朝，可入相终是无望。昔日的雄心壮志至此彻底幻灭。所幸得佳人相伴，诗赋相答，同游残山剩水，以耗磨苦闷之岁月，郁而不孤，罢了，罢了！

“洞房清夜秋灯里，共简庄周说剑篇。”此一联为全诗精神之所在。在解析此联之前，不得不首先对此句所言洞房盛装人，作一交代。钱谦益在崇祯十四年纳柳如是为妾。此句所言之洞房，当为钱柳婚后所居的绛云楼。柳氏于明末之际，虽曾为烟花女子，然一直特立独行。于此史家陈寅恪先生在其巨著《柳如是别传》中言：“……寅恪平生才识学问固远不逮昔贤，而研治领域则有约略近似之处。岂意非独牧翁之高文雅什，多不得其解，即河东君清词丽句，亦有瞠目结舌，不知所云者。始知禀鲁钝之资，挟鄙陋之学，而欲言论女侠名姝文宗国士于三百年前，诚太不自量矣。虽然，披寻钱柳之篇什于残阙毁禁之余，往往见其孤怀遗恨，有可以令人感泣不能自已者焉。夫三户亡秦之志，九章哀郢之辞，即发自当日之士大夫，尤应珍惜引申，以表彰我民族独立之精神，自由之思想。何况出于婉娈倚门之少女，绸缪鼓瑟之小妇，而又为当时迂腐者所深诋，后世轻薄者所厚诬认哉！”陈先生晚岁膑足盲目而一直致力于《柳》作，可见河东君在其心中的地位。河东君知识渊博，好发议论于人前，且常爱以男装打扮，自称女弟，颇有不让须眉之态。其先与陈子龙情笃，后居西湖，过六桥遂得小诗："垂杨小院绣帘东，莺阁残枝蝶乘风。最是西陵寒食路，桃花得气美人中。"此诗末句"桃花得气美人中"一出，立即为当日诗坛所称赏。牧斋后亦多次唱和，"今日西陵夸柳隐，桃花得气美人中""杨柳长条人绰约，桃花得气句玲珑"。柳、陈之恋，因陈子龙迫于母命，遂成憾果，河东君终下嫁钱牧斋。婚后柳氏与钱牧斋诗赋唱和，亦师亦友。且又因柳氏亦爱谈兵、有大略，故有"闺中梁红玉"之称。其与钱婚后感情甚笃，王应奎《柳南随笔》载一趣闻："某宗伯既娶柳夫人。一日坐室中，目注如是。如是问曰，公胡我爱？曰，爱汝之黑者发，而白者面耳。然则汝胡我爱？柳曰，即爱公之白者发，而黑者面也。侍婢皆为匿笑。"钱牧斋晚年政治失意，但得此佳偶，于绛云楼清夜相对秋灯，既可共论天下军国大事，又可共对西窗，知己红颜一肩当之，得妻若此，钱氏又是何等的幸运。

"共简庄周说剑篇"，庄周说剑见于《庄子》外篇《说剑》："……王曰：'愿闻三剑。'曰：'有天子剑，有诸侯剑，有庶人剑。'……此庶人之剑，无异于斗鸡，一旦命已绝矣，无所用于国事。今大王有天子之位而好庶人之剑，臣窃为大王薄之。"此论颇同于项羽。钱牧斋得河东君之佳偶，而柳氏殊非尘世常女子，其知识之富、抱负之弘，既可为牧斋论学之密友，亦当为牧斋自我砥砺之畏友。钱氏，此时再露不甘寂寞之心态，当与柳氏有关。

此诗是柳如是信中"此中情事，十年如一日"的最好佐证。柳氏怀念与牧斋相遇的美好，感激与牧斋的相知、相待。婚后以来的生活，安定而快乐。虽然两人曾因是否为大明殉亡有过分歧，但相遇之奇、相知之深以及相待之诚，让两人的情感日益醇厚。柳氏以松柏自比，乃明告牧斋夫妻共命之意：

柳如是山水画像

不意河山变迁，家国多难。相公勤劳国家，日不暇给。奔走北上，跋涉风霜。从此分手，独抱灯昏。妾以为相公富贵已足，功业已高，正好偕隐林泉，以娱晚景。江南春好，柳丝牵舫，湖镜开颜。相公徜徉于此间，亦得乐趣。妾虽不足比文君、红拂之才之美，藉得追陪杖履，学朝云之侍东坡，了此一生，愿斯足矣。

1644年，大明灭亡，牧斋在清兵兵临南京城下时，以礼部尚书身份率先出降，时人骂其变节。后牧斋为兴复明室，多方奔走，出谋划策，然覆水难收，清誉已玷，终有愧于士林。柳如是信中“妾以为相公富贵已足，功业已高”，有很多只为钱、柳二人所知的阴晦之语，但无论信中话语实际所指的是让牧斋知足归隐，还是不仕于清朝，柳如是以东坡被贬时不离不弃的侍妾朝云自比，拳拳关切，溢于言表。如此深情，牧斋狱中读之，如何能不感动。“亥三月晦日，晨兴礼佛，忽被急征。锒铛拖曳，命在漏刻，河东夫人沉疴卧蓐，蹶然而起，冒死从行。誓上书代死，否则从死。慷慨首涂，无刺刺可怜之语。余亦赖以自壮焉。狱急时，次东坡御史台寄妻诗以当诀别。”人间的男女情事多矣，人世的生死离别多矣，然如此之真、如此之诚而又竟如此之美丽忧伤者，又复能几？

（刘　顺）

陈蔡之间　甘之幸也

——顾有孝《与吴汉槎书》

顺治十四年（1657年）南闱科场案发，与华亭彭师度、宜兴陈维崧并称“江左三凤凰”的吴兆骞（1631—1684年）无辜遭累，流放宁古塔。顺治十六年（1659年）闰三月，吴兆骞自京师出塞，送其出关之作遍于天下，吴伟业《悲歌赠吴季子》：

吴伟业
（1609—1672）

人生千里与万里，黯然销魂别而已。君独何为至于此，山非山兮水非水，生非生兮死非死。十三学经并学史，生在江南长纨绮，词赋翩翩众莫比，白璧青蝇见排抵。一朝束缚去，上书难自理。绝塞千里断行李，送吏泪不止，流人复何倚？彼尚愁不归，我行定已矣。八月龙沙雪花起，橐驼垂腰马没耳。白骨皑皑经战垒，黑河无船渡者几？前忧猛虎后苍兕，土穴偷生若蝼蚁。大鱼如山不见尾，张鬐为风沫为雨，日月倒行入海底，白昼相逢半人鬼。噫嘻乎悲哉！生男聪明慎勿喜，仓颉夜哭良有以，受患只从读书始。君不见，吴季子！

人生之黯然销魂者，唯别而已。长于江南的吴兆骞此行去往的又是八月即沙雪满天的塞外之地，多情如吴梅村者当此别离，情何以堪。在梅村对宁古塔的想象中，这是一个气候异常、物种凶猛的塞外之地。吴兆骞此行当凶多吉少，若男儿本不读书，是否可免此忧患？顾有孝的信亦是写给流放东北苦寒之地的吴兆骞，但行文之中所流露的情感却与吴诗差异明显。

与兄言别，已累岁矣。关河辽阔，通问维艰。遐念昔游，曷胜怅惘。然患难之来，当以心制境，不当以境役心，处处体认，则顺境反不若逆境之受益矣！夫子不云乎："陈蔡之间，甘之幸也！"《孟子》"发畎亩"一章，实发明此语。弟读史书至勾践之栖会稽、重耳之过曹卫，辄掀髯而笑：两君老谋壮事，皆从此而发。因知庸庸者多厚福，非天私其人，正不屑以患难鞭策之也！假两君遭遇升平，沈溺势利，虽与鲁哀、卫灵同其碌碌，亦未可知。今之勋业烂然，声名盖代若此，拜会稽、曹卫之助匪细矣！汉槎足下，勉之勉之！

五代·关仝《关山行旅图》

顾有孝（1619—1689年），字茂伦，号"雪滩钓叟"，与吴兆骞同为江苏吴江人。顾氏明亡之后，焚弃儒者衣冠，隐于诗酒。康熙十七年，曾举博学鸿儒，不就。居钓雪滩，以选诗为事。家贫，好客，负重名。所交皆高尚士，与顾樵、徐介白、俞无殊、周安节为莫逆交，有"穷孟尝"之称。易箦之际，命诸子殓以头陀之礼，因更号雪滩头陀。顾有孝焚弃儒冠，表明逃世之姿，但其终不能忘情于儒者之身份及天下之情怀，故而葬以僧人之礼，或为内心有激使然。吴兆骞身遭横祸，处苦穷之地，若为常人，自然不免忧戚终日。但是在顾有孝看来，君子处穷，正为自我砥砺，以求明心见道之时。《史记》载："楚昭王聘孔子，孔子往拜礼焉，路出于陈蔡。陈蔡大夫相与谋曰：孔子圣贤，其所刺讥皆中诸侯之病，若用于楚，则陈蔡危矣。遂使徒兵距孔子。孔子不得行，绝粮七日，外无所通，藜羹不充，从者皆病。孔子愈慷慨，讲弦歌不衰。"孔子厄于陈蔡七日绝粮，弦歌不辍，为后世儒者言行之典范。《孟子》"发于畎亩"之章有，"故天将降大任于是人也，必先苦其心志，劳其筋骨，饿其体肤，空乏其身，形拂乱起所为，所以动心忍性，曾益其所不能"。顾有孝希望老友能以孔孟之学，应对生命的流离。昔时，越勾践遭灭国之辱，晋重耳受颠沛之难，后均能奋起于困境之中，创建不朽之大业。吴兆骞的宁古塔之行，在世俗之人看来，自然为人生之大不幸，但艰难困苦对于以"大任"自期的儒者来说，却正是提升生命的契机：

荀卿氏有言："怨人者穷，怨天者无志。"愿汉槎详味其言，则目下漂流绝塞，家室流离，亦作会稽曹卫观可耳。由此而竖起脊梁，潜心理道，以上承天意，则今日之忌兄祸兄者，非兄之益友耶？汉槎勉之！远大在前，努力自爱。万里贻书，不作一世俗相慰语，不敢以世俗之人待吾汉槎故也。他日者，策蹇归来，非复吴下阿蒙；弟为汉槎庆，即为世道庆矣。毋辜吾望也！

宁古塔将军驻地旧城遗址

《荀子·荣辱篇》曰："自知者不怨人，知命者不怨天，怨人者穷，怨天者无志，失之己，反之人，岂不迂乎哉！"荀子所言，对于通达的儒者而言，自无难解之处，但对于世俗中不能自我振作、庸碌无为之人而言，似乎又过于空幻高远。宁古塔常年冰封，王家祯《研堂见闻杂录》称"宁古塔，在辽东极北，去京七八千里。其地重冰积雪，非复世界，中国人亦无至其地者。"塞外蛮荒的宁古塔与"春雨杏花"的江南相比，不啻为鬼蜮。吴兆骞寄给母亲的信中也说："宁古寒苦天下所无，自春初到四月中旬，大风如雷鸣电激咫尺皆迷，五月至七月阴雨接连，八月中旬即下大雪，九月初河水尽冻。雪才到地即成坚冰，一望千里皆茫茫白雪。"顾有孝自然知晓宁古塔的寂寥荒寒，但对于负罪远谴的吴兆骞，不仕新朝、以选诗度世的一介书生实无伸手救援的能力。虽然作儿女态，同友人共洒热泪，似乎更近情理，亦更能动人，但吴兆骞此去塞外，非数载即返。漫长而凄苦的流放生活只有以平和健康的心态处之，方能有度过厄困，迎来返乡之机遇的可能。故而，此封书信中，作者以强者期兆骞的劝勉背后是对友人悠长绵厚的期待。或许对于不仕新朝的顾有孝而言，吴兆骞远去万里之外的宁古塔也是一种对于新朝的拒绝。相比于顾有孝书信中的冷静与平和，另一与吴兆骞相交甚深的友人顾贞观却为后世留下两首感人至深的《金缕曲》词：

《金缕曲·季子平安否》

季子平安否？便归来，平生万事，那堪回首！行路悠悠谁慰藉，母老家贫子幼。记不起，从前杯酒。魑魅搏人应见惯，总输他，覆雨翻云手，冰与雪，周旋久。

泪痕莫滴牛衣透,数天涯,依然骨肉,几家能够?比似红颜多命薄,更不如今还有。只绝塞,苦寒难受。廿载包胥承一诺,盼乌头马角终相救。置此札,君怀袖。

清·吴振臣《宁古塔纪略》

《金楼曲·我亦飘零久》

我亦飘零久!十年来,深恩负尽,死生师友。宿昔齐名非忝窃,只看杜陵消瘦,曾不减,夜郎僝僽,薄命长辞知己别,问人生到此凄凉否?千万恨,为兄剖。

兄生辛未吾丁丑,共些时,冰霜摧折,早衰蒲柳。词赋从今须少作,留取心魄相守。但愿得,河清人寿!归日急翻行戍稿,把空名料理传身后。言不尽,观顿首。

康熙二十年(1681年),经纳兰容若、徐乾学、顾贞观等诸多友人多方营救,吴兆骞(汉槎)终以醵金两千,认修内务府工程名义赎罪放还。七月底,吴兆骞离开宁古塔,行程四月,于十一月中抵京师。此时,距顺治十四年已二十三年矣。回程中,宁古塔首任将军巴海曾派兵护送,并拨给驿车驿马和饮食,照料甚周。吴兆骞出塞时相送者众,及其至京,迎候其归者亦有多人。吴兆骞的流放宁古塔由此而终,成为颇具轰动效应的文化事件。徐乾学于宴会即席赋《喜吴汉槎南还》诗,和者后多至数十百人。王士禛有句云:"太息梅村今宿草,不留老眼待君还",传诵一时。吴兆骞此后遂馆于纳兰容若府,为容若弟揆叙授读。后因细故与顾贞观有嫌隙,明珠延其入书房,汉槎见斋壁间有大书"顾梁汾为吴汉槎屈膝处",不由大恸,声泪俱下。康熙二十二年(1683年)返里省亲,经友朋之助,筑"归来草堂"。但漫长的塞外生活,已让吴兆骞无法适应江南的水土气候,不久即大病,复返京城求医治。康熙二十三年(1684年)十月十八日因疾客死京邸,时年54岁。临殁语其子曰:"吾欲与汝射雉白山之麓,钓尺鲤松花江,挈归供膳,付汝母作羹,以佐晚餐,岂可得耶",于白山黑水亦有乡愁矣。顾有孝若知吴兆骞死前之语,当感欣慰。死后不久,纳兰性德为其料理后事,并送其灵柩归葬吴江,漂泊多年的诗人终于归骨熟悉而陌生的乡帮之地,一场关联多人的文化事件至此亦终告段落,但贯穿此事始终的友朋之情,却必将有永恒之生命。

(刘 顺)

清文

陆绩怀中三橘红

——刘大櫆《胡孝子传》

《诗经》中有一首被清人方玉润称为“千古孝思之作”的《蓼莪》：

> 蓼蓼者莪，匪莪伊蒿。哀哀父母，生我劬劳。
> 蓼蓼者莪，匪莪伊蔚。哀哀父母，生我劳瘁。
> 瓶之罄矣，维罍之耻。鲜民之生，不如死之久矣。
> 无父何怙？无母何恃？出则衔恤，入则靡至。
> 父兮生我，母兮鞠我。拊我畜我，长我育我。
> 顾我复我，出入腹我。欲报之德，昊天罔极！
> 南山烈烈，飘风发发。民莫不谷，我独何害。
> 南山律律，飘风弗弗。民莫不谷，我独不卒。

这是一位迫于王役不能归养父母者的呼号与控诉。父母一生辛劳养我成人，我却不能报答他们于万一。为何他人都能报答父母，唯独我却不能，悠悠苍天，你是否能回答。《论语·阳货》中有一段故事，孔子的学生宰我，问他的老师：三年之丧，太久了，是否可改为一年。孔子问宰我，你食美味、著华服，心安么？宰我说，心安。孔子说如果你心安，就根据自己的所想去做。但对于君子来说，居丧的时候，不食美味、不闻乐，平居内心若有所失，他们不忍缩短丧期。等宰我离开后，孔子说宰我真是个是个不仁的人！小孩子生下来长到三岁，才能够离开父母的怀抱。三年之丧，是天下通行的丧礼，

慈母手中线　游子身上衣

这是为了回报父母之恩。宰我对他的父母有三年之爱么？在人类的情感中，似乎父爱与母爱最为真挚、最为无私亦最为持久。秀口一吐即是半个盛唐的李白，曾有一首并不十分出名的小诗《寄东鲁二稚子》：

> 娇女字平阳，折花倚桃边。折花不见我，泪下如流泉。小儿名伯禽，与姊亦齐肩。双行桃树下，抚背复谁怜？念此失次第，肝肠日忧煎。

诗人离开东鲁有很多年头了，留在东鲁的一女一子也慢慢长大。又是一年的春天，东鲁的桃花又在春风中怒放，诗人想象着桃树下可爱的女儿平阳，在思念着远方的父亲，多年未归的父亲，是否已忘记了东鲁；与平阳并肩而望的是已经长高的伯禽，不知道在平日时，这双小儿女有谁会给予他们一份爱怜，我为什么还不归去？一个四海为家、吞吐日月江湖的诗坛豪杰在念及一双稚子时，怜爱、关切、内疚竟如此沛然莫之能御，父母之爱如此自然、如此动人。相较于父母爱怜子女的自然与真挚，子女对于父母的爱养，却似乎总多了一份人为与艰难。“世人都晓神仙好，只有儿孙忘不了。痴心父母古来多，孝顺子孙谁见了？”

元·赵孟頫《鹊华秋色图》

> 孝子胡其爱者，桐城人也。生不识《诗》《书》，时时为人力佣，而以其佣之直奉母。母中岁遘罢癃之疾，长卧床褥，而孝子常左右之无违。自卧起以至饮食、溲便，皆孝子躬自扶抱，一身而百役，靡不为也。

《二十四孝图·戏彩娱亲》

孝子家无升斗之储，每晨起，为母盥沐、烹饪、进朝馔，乃敢出佣。其佣地稍远，不及炊，侧出勺米付邻媪，而叩首以祈其代爨。媪辞叩，则行数里外，遥致其拜焉。至夜必归，归则取母中裙秽污自浣涤之。孝子衣履皆敝垢，而时致鲜肥供母。其在与佣者之家，通肉食即不食，而请归以遗其母。同列见其然，而分以饷之，辄不受。平生无所取于人，有与之者必报。母又喜出观游，村邻有伶优之剧，孝子每负母以趋，为藉草安坐，候至夜分人散，乃复负而还。时其和霁，母欲往宗亲里党之家，亦如之。孝子以生业之微，遂不娶，惟单独一人，竭力以养终其身。

母陈氏，以雍正八年病，至乾隆二十七年，乃以天年终。盖前后三十余年，而孝子奉之如一日也。母既没，负土成坟，即坟旁，挂片席而居。凄伤成疾，逾年癸未，孝子胡其爱卒。

刘大櫆的家乡桐城有一位孝子胡其爱。其爱目不识丁，以为人帮工度日。母亲中年时即身患重病，不能起行。多年来，其爱孝养母亲，百事亲为，无怨尤之态。“子游为孝。子曰：‘今之孝者，是为能养。至于犬马，皆能有养，不敬，何以别乎？”人有肉食相赐，辄求归以奉母。春秋时，灵辄在翳桑，三日无食，晋国的正卿赵盾以食物相送，灵辄请求将食物留给母亲。东汉末年，陆绩六岁时，在九江拜见袁术，袁术拿出橘子招待他。陆绩在怀中藏了三枚，告辞时，橘子掉到地上。袁术笑着说，陆郎来这里做客为何怀中藏有橘子？陆绩跪着回答说，母亲爱食此物，我想把它们带给母亲。袁术大为叹赏。其爱以肉归其母，可与灵辄、陆绩并立而三。母亲爱出游，其爱便尽力遂其所遇。母亲由病而终逾三十年，其爱家贫不能娶妻，一人孝养始终，难得之至。及母亡，其爱奉土成坟，守孝墓旁，忧劳交迫，不久亦死。

赞曰：今之士大夫，游宦数千里外，父母没于家，而不知其时日；岂意乡里拥雇之间，怀笃行深爱之德，有不忍一夕离其亲宿于外如胡君者哉！胡君字汝彩，父曰志贤。又同里有潘元生者，入自外，而其家方火，其母闭在火中。元生奋身入火，取其母以出，头面皆灼烂。此亦人之至情，无足异；然愚夫或怯懦不进，则抱终身之痛无及矣。勇如元生，盖亦有足多者。余故为附著之。

《二十四孝图·闻雷泣墓》

清代诗人黄仲则有诗一首，名《别老母》："搴帷别母河梁去，白发愁看泪眼苦。惨惨柴门风雪夜，此时有子不如无。"人生有太多的不得已，无论是游学还是游宦，个体匆匆行走的脚步有着太多不得不如之的无可奈何。"父母在，不远游，游必有方"，怎奈，你我虽知老母搴帷而望，却不得不踏上旅程。空间位移的频次越高，归养父母的可能即越小。齐白石曾这样回忆自己的母亲：

我出生以后，身体很弱，时常闹病，乡间的大夫，说是不能动荤腥油腻，这样不能吃，那样不能吃，能吃的东西，就很少的了。吃奶的孩子，怎能够自己去吃东西呢？吃的全是母亲的奶，大夫这么一说，就得由我母亲忌口了。可怜她爱子心切，听了大夫的话，不问可靠不可靠，凡是荤腥油腻的东西，一律忌食，恐怕从奶汁里过渡，对我不利。逢年过节，家里多少要买些鱼肉，打打牙祭，我母亲总是看着别人去吃，自己是一点也不沾唇的，忌口真是忌得干干净净。可恨我长大了，作客在外的时候居多，没有能够常依膝下，时奉甘旨，真可以说：罔极之恩，百身莫赎。

父母给了子女太多的爱，子女生病时，父母"唯其疾是忧"；子女外出时，父母"汝朝出而晚来，则吾倚门而望；汝暮出而不还，则吾倚闾而望"。父母恩深，人生于世可不报此大恩乎？树欲静而风不止，如胡其爱不忍一夕离其母，如潘元生奋身以救母，不胜不能归养留遗憾于他日者万万乎？

（刘　顺）

触目惊心　冷峻深沉

——方苞《狱中杂记》

“杂记”，是古代散文中一种杂文体，因事立义，记述见闻。《狱中杂记》是“杂记”名篇，材料繁富，错综复杂，人物众多，作者善于选择典型事例重点描写，“杂”而有序，散中见整，中心突出。如用方苞提出的古文“义法”来衡量，繁复的材料就是“义”，即“言之有物”；井然有序的记叙就是“法”，即“言之有序”。

雍正帝

方苞，字凤九，又字灵皋，号望溪，清朝桐城（现在安徽省桐城市）人，清初著名散文家，桐城派古文的创始人，康熙四十五年进士。为文主张一种“义法”，要求做文章“言之有物”“言之有序”，提倡义理、考据、辞章三者并重，并讲求词语的“雅洁”。这些主张在当时很有影响。

《狱中杂记》是方苞出狱后，追述他在刑部狱中的见闻和感想，揭露并批判了封建社会的腐败和法律制度的罪恶本质。为了加强思想统治，巩固封建专制政权，清朝统治者曾多次大兴文字狱。1711年发生的“南山案”，就是清初著名文字狱之一。《南山集》是方苞的好友戴名世所著的散文集。戴名世在《南山集》中引用了同乡方孝标在《滇黔纪闻》中记叙的有关桂王抗清的史料。方苞曾为《南山集》作序，刻书的木板又藏在他家。后来有人告发《南山集》中有攻击清廷的话，戴名世被杀，方苞也因此受到牵连，于康熙五十年（1711年）被逮捕。开始下江宁狱，不久解往京师，下刑部狱，初定绞刑，后经大学士李光地多方营救，又因他当时已有文名，才在康熙五十二年（1713年）三月被释放。

《狱中杂记》这篇文章，是他在刑部狱中所见所闻的记录。方苞因受戴名世的牵连而被捕入狱，他亲身体验、观察和了解到清王朝刑部监狱的种种黑暗现实，以严肃、质朴的文笔描写了牢狱的恶劣环境，揭露了狱吏的贪赃枉法、滥用酷刑和囚犯中的无辜者含冤蒙屈、痛苦无告的不幸遭遇。

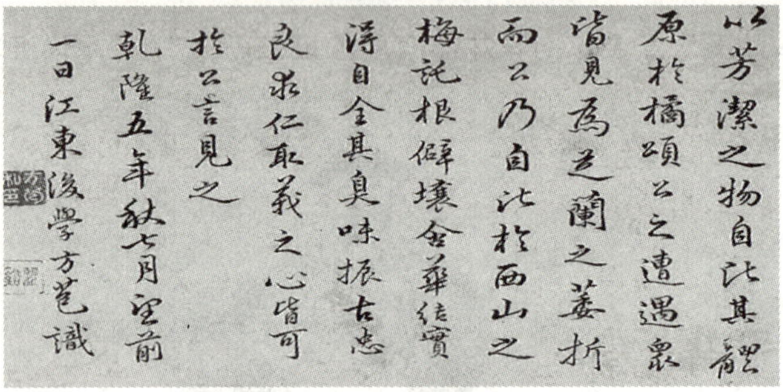

方苞手迹

"康熙五十一年三月，余在刑部狱，见死而由窦出者日四三人。"作者先写目睹。每天死去三四人，已是很惨。康熙五十年（1711年），作者因为戴名世《南山集》作序，受株连，入刑部狱近两年。文章记狱中事实，在触目惊心的叙述中，间作冷峻深沉的议论。

"有洪洞令杜君者，作而言曰：此疫作也。今天时顺正，死者尚稀，往岁多至日十数人。"余叩所以。写了目睹之后，又写耳闻。"日十数人"，更惨。有个原洪洞县的知县杜君，站起来说道："这是瘟疫发作了呵。现在气候正常，死的人还不多，往年（这时候）多到每天十多人。""我"问造成这种情况的原因。

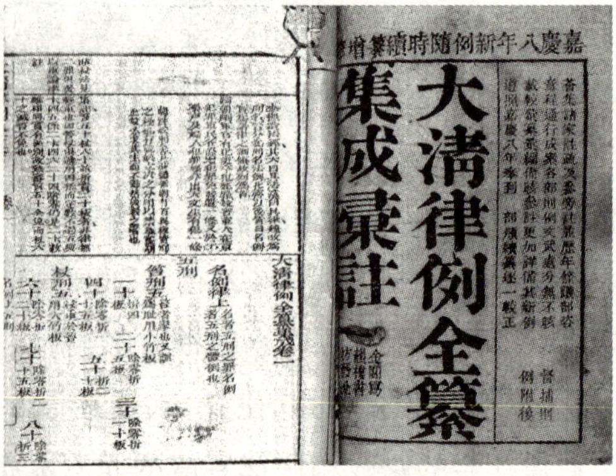

《大清律例刑案统纂集成》

李佰元《官场现形记》

“狱中成法，质明启钥，方夜中，生人与死者并踵顶而卧，无可旋避，此所以染者众也。又可怪者，大盗积贼，杀人重囚，气杰旺，染此者十不一二，或随有瘳。其骈死，皆轻系及牵连佐证法所不及者。”监狱里有个老规矩，天亮了才开锁，当深更半夜的时候，活人跟死人脚靠脚、头靠头地躺着，没有办法避开，这就是传染上瘟疫的人多的原因。更令人诧异的是，那些大强盗和犯案多次的贼，杀过人、案情重大的囚犯，精气特别旺盛，染上这种病症的十个当中没有一两个，有的即使染上了，随即也就好了。那些接连死去的，都是因为罪轻被押以及被牵连的，被当作证人而不该受法律制裁的人。生死人“并踵顶而卧”，惨不忍睹。从“日三四人”到“日十数人”直至生死人“并踵顶而卧”，叙述层层递进，越发惨不忍睹。

文中主要揭露了以下事实：

一、狱吏与狱卒的工资收入微薄。

狱吏每年只有工食银六两，按当时一般平民生活标准只够四口之家一个月所用。这还是在册的狱吏，而不在册的就更低了，他们虽然收入这么低，但大多还通过各种关系，打通种种关节要来县衙当差（狱吏一般是违法进来的，没有通过科举考试，无法保证文化素质）。他们主要是靠山吃山。

二、狱中瘟疫流行，死者相枕藉。

到了夜间，死了的和活着的人脚碰头而躺着，无法转动，这样一来，瘟疫越传染越多。犯案多次的大盗贼、杀人重囚，生命力旺盛，而且因有心理准备，心态平稳，很难被传染。那些接踵并肩而死亡的，“皆轻系及牵连佐证法所不及者”，都是因轻罪被囚的以及被牵连、被捉来当证人的那些没有犯法的人。被牵连、被捉来当证人的人是冤屈的，又加之担心家里的亲人，精神已经崩溃，免疫力快速下降，如发生瘟疫，最容易被传染。

三、无所不用其极的敲诈勒索与贪赃枉法。

为了增加敲诈钱财对象，狱吏们就想方设法株连，把与案件稍有牵连、沾点边的人统统抓进来，“不问罪之有无，必械手足，置老监，俾困苦不可忍，然后导以取保”。他们把这些清白无辜的人折磨得“呼号达旦”无法忍受，接着诱劝倾家荡产交纳大笔保证金。一交来他们就私分，接着对贫穷无钱取保的人加倍折磨，以此警告不愿掏钱的人。结果是“情罪重者反出在外，而轻者、无罪者罹其毒,积忧愤,寝食违节,及病,又无医药,故往往致死”。罪魁祸首只要有钱取保,反而逍遥狱外,而众多涉案者和证人却被活活折磨死了。

“有钱能使鬼推磨。”犯人同是被捆绑,如果没钱贿赂,他们就在捆绑时把筋骨折断,甚至造成终生残疾。同是遭受板子、夹棍刑讯,但因贿赂钱数差别大,造成伤害的后果差别就也非常大:“一人予二十金,骨微伤,病间月;一人倍之,伤肤,兼旬愈;一人六倍,即夕行步如平常。”因此,文中表现了老百姓“屈死不告状”的心态。

四、对死刑犯进行偷梁换柱。

最让作者震惊的是,只要肯掏大价钱,狱吏们连死刑犯也能偷梁换柱。有狱吏对判死罪的贪官说:“给我千金,我让你活!”贪官问:“你用什么办法让我活?”狱吏说:“这事不难!在判决书封奏之前,我把同案犯中没有亲戚家人的单身汉的名字和你换换位置!”贪官问:“你就不怕事后上级发现?”狱吏说:“发现了肯定要处死我,但也要罢主管领导的官,他们舍不得头上的乌纱帽,只能打掉牙齿肚里吞,暗暗叫苦而不敢声张,我的性命自然就也保住了。”狱吏与狱卒们胡作非为,他们暴虐成性的嚣张气焰,一般人根本无法想象。

方苞通过自己在刑部狱中的所见所闻的大量事实,把狱吏与狱卒的残酷无情、暴虐成性的面目展现在读者面前,揭露了天子脚下的刑部狱的种种黑幕,百姓的横遭逮捕、冤死狱中,以及狱吏的敲诈勒索、受贿枉法、草菅人命等事实,反映了封建君主专制国家的司法机构的腐败与恐怖。

文章在写作方法上比较好地体现了“桐城派”提倡的“义理”“考据”“词章”三者并重和相互为用的主张,体现了“桐城派”散文的特点。从“义理”(文章的中心)来看,作者大胆地揭露了清朝司法制度的黑暗和腐朽,令人发指,不失为有胆有识之作。在“考据”上,本文内容翔实而有说服力,使人惊心动魄。文章列举了许多由作者目见耳闻和亲身经历的事实:狱官与禁卒相互勾结,贪赃枉法,草菅人命,等等。在“词章”上,本文借助于选材的真实性和典型性而具有很强的说服力,不在文字上过分雕琢、修饰。作者以确凿的事实为线索,将材料编排得井井有条,环环相接。全文以对话的方式叙事,语言简洁有力。

（张迪平）

乱世天教重侠游：吾国吾民

自十九世纪中叶始，中国步入了一个“三千年未有之大变局”的历史时期。世界的格局已变，中国开始面临一场全新的游戏规则的挑战。中国这一老大垂朽的帝国能否经受住欧风美雨的吹打，并由而重显生机自立于世界民族之林，是时代向帝国晚期知识分子的历史追问。这是一个充满危机的时代，也是一个思想创新突破的时代，知识分子在家国历史的召唤之下，探索着寻找国家自强的可能之路。针砭时弊、创办实业、译书兴学，或立足本土，或游走西洋，这是一个天降大任的时代，也是一个需要参与者奔走呼号的时代，这也是数代知识分子为国家与民族的命运殚精竭虑、无愧于历史天命的时代。十九世纪的思想世界乃至社会生活亦由之而精彩迭出。

拿云回天　挟山超海

——梁启超《少年中国说》

少年中国说是清朝末年梁启超所作的散文，写于戊戌变法失败后的1900年。文中极力歌颂少年的朝气蓬勃，指出封建统治下的中国是“老大帝国”，热切希望出现“少年中国”，振奋人民的精神。文章不拘格式，多用比喻，具有强烈的鼓动性。酣畅淋漓，多用比喻、对比，具有强烈的进取精神，寄托了作者对少年中国的热爱和期望。

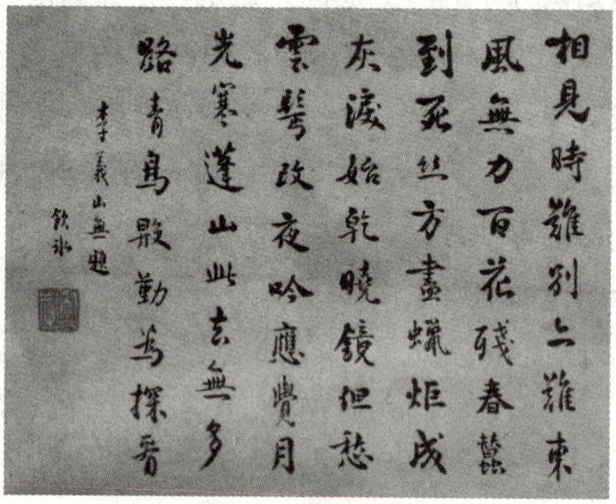

李商隐《无题》

清朝末年，清王朝官场糜烂不堪，大义泯灭，龟鬼横行，究其根源，是专制制度、专制文化之祸。自秦以来，改朝换代、更天换地者十数次，为什么无法走出“天下分久必合，合久必分”的一治一乱历史怪圈？究其原因在于专制制度不祛、专制洗脑教育不变革，国家民族还会在专制历史里打转，与世界民主政治文化隔绝。要从根本上振兴中华，梁启超就写了本篇《少年中国说》，为的是提振国人士气，“以“天下兴亡，皆在我中国少年的奋发有为”为全文主旨。

梁启超（1873—1929年），字卓如，号任公，别号饮冰室主人、饮冰子、哀时客、中国之新民等，清朝光绪年间广东新会人。近代中国启蒙思想家，资产阶级改良主义政治家、教育家、史学家和文学家，戊戌变法运动领袖之一。戊戌变法失败后，流亡日本，创办《清议报》《新民丛报》《新小说》，探索改良主义与君主立宪制；倡导"诗界革命""小说界革命"，提倡"新文体"。其著作编为《饮冰室合集》，包括影响后世深远的《中国近三百年学术史》《中国历史研究法》《少年中国说》。

《少年中国说》这篇政论，黄遵宪称扬到：惊心动魄，一字千金，人人笔下所无，却为人人意中所有，虽铁石人亦应感动。从古至今，文字之力之大，无过于此者矣。

陈丹青《国家研究所》

（图中人物自左至右分别为：赵元任、梁启超、王国维、陈寅恪、吴宓）

其鲜明的特点首先表现为它强烈的批判性。此文以主要篇幅用于对中国这个"老大帝国"逐层进行解剖。其中心扣住一个"老"字。而在备述"老大帝国"的种种"老大"现象之后，特别去着力揭示当时那些手握"国权"的"老朽之人"的卑微的人格、空虚的灵魂，护位护权的自私心理。他认为，一个国家的"老""少"，主要表现在灵魂、精神的"老""少"，而国家精神的"老""少"，又主要取决于"握国权者"其人如何。他说，西欧、日本之所以称中国为"老大帝国"，首先"则以握国者，皆老朽之人也"。而这些人本来就无德无能，"自其少壮之时"，就不知亚洲、欧洲为何地，汉祖、唐宗为何人，再加上封建伦理、官场倾轧的"搓磨""陶冶""脑髓已涸""血管已塞""气息奄奄，与鬼为邻"。其肉体已非盲则聋，非跛则瘫，"步履"须左右扶着，"言语"更"不能自了"，而将"二万里山河，四万万人命"，交于其手，国家精神怎能不老，民

梁启超

族气血怎能不衰!更严重的是那些所谓“老后、老臣、老将、老吏”们,在极端自私心理的支配下干出来的坑害民族、贻误国家的种种行为。在中国古代的散文作家中,很少有人以冷静、客观的心理分析见长,而梁启超在这里几乎是借用了欧洲小说家描摹人物心理的手法,对那些手握国柄而又老朽不堪的人的心理状态作了无情的解剖。他说这些人,“积数十年之八股、白折、当差、捱俸、手本、唱喏、磕头、请安、千辛万苦”,才弄到“红顶花翎”“中堂名号”,自然要“出其全副精神”“以保持之”。这些人,“既七十矣,八十矣”,“今日且过”,管它明日;“今年且过”,管它明年!为自己能够“快活”地了结余生,自然甘愿“割三头两省之地”“换我几个衙门”;“卖三几百万人民”“赎我一条老命”“以此为国,安得不老且死”!这真是入木三分的精彩刻画!梁启超以“老”为中心,对清帝国所作的系统批判,确实抓住了封建政体的痼疾。但是,他对“少年中国”的本质、特点、精神、追求的描述却是朦胧的、肤浅的,而把一切希望不加分析地寄托于中国新起的一代少年,也是片面的进化论观点。他对于少年中国的未来,于字里行间,虽然充满了炽热的情感,但他到底也没能指出一条奔赴未来的可行之路。

《少年中国说》的另一特点是其形象的丰富性。形象性是中国古代政论文的优良传统,在历史上早就有贾谊《过秦论》那样传诵千古的名篇。梁启超的散文则把传统散文创造出的意象体系,大大地扩展了、丰富了。其写“老”则不仅用“夕照”、“瘠牛”、“秋柳”、“陨石”、浔阳江头的琵琶妇、西宫南内的白发女等民族的、传统的、为人熟知的形象,作多侧面的揭示,而且大量地运用了新时代、新生活、新知识、新事物提供的丰富形象。诸如,“死海”、“金字塔”、“西伯利亚大铁路”、拿破仑的流放、阿剌飞(或译阿拉比帕沙)的幽囚、玛志尼的革命等,自然而然地把读者的目光引向中华帝国之外的广阔世界。让人在不知不觉中领悟到要使古老的民族恢复青春,就必须以欧洲为师。更值得赞赏的是,梁启超使用丰富的形象,不仅围绕着一个思想中心,而且在众多的形象之中也是有主有从,突出了中心形象。这个中心形象就是手“握国权”的“老朽之人”。如果没有这个中心形象,前面的形象虽然丰富,但难免杂乱;有了这个中心形象,前面丰富的形象就与之共同构成了有机的整体,集中地为批

晚清《时局图》

五四运动

判、揭露腐败的清廷服务了。

“笔锋常带情感”是梁启超“新文体”的又一特色。而他写政论文，也往往以抒情之笔出之。《少年中国说》通篇就不是用冷静的分析、严密的逻辑逐层论证，而似乎是顺着情感的奔流，纵笔而成。一落笔，“欲言国之老少，请言人之老少”。就像久遭禁锢的情感的火山，突然爆发，一气用了十个排句，将“老年人”与“少年人”的两种生理状况、心理特征、精神状态、思想方法，反复地进行对比分析。开头是两个长句，长句中又包括几个短句，分述相关相异的几层意思，气势稍缓；但越往后，句式越短，节奏越快，奔腾直泻，一发难收。开头好像是火山的熔岩滚滚外溢，而往后则是短促地、猛烈地、势不可挡地连续喷发了。以后的几大段情感的节奏渐趋平缓，而情感的力度却伴随着论题的开展而加强、深化了。最后以一段四言韵语作结，把情感再次推向高潮。但这不同于开头那久遭禁锢后的情感爆发，而像江水出峡后的汪洋恣肆，其中充满了对“少年中国”的未来的热切追求，美好向往，让人觉得天空海阔前程无量，文虽终而情未尽，悠远绵长，耐人回味。

《少年中国说》文学语言上的独创性，在梁启超的散文作品中也很有代表性。就词汇来说，这里有俚语，如“赎我一条老命”“走无常当医生”之类；有韵语，如末段“红日初升，其道大光。河出伏流，一泻汪洋……”；有外国语法，如“夫国也者，何物也？有土地，有人民……”一段。这三者，细辨似有不同，但又共同构成一篇文章的有机整体，达到了水乳交融的境地。这不能不说是对中国传统的文学语言的重大改革。中国传统的文学语言在西汉以前基本上是口语型的，也就是说当时的书面语基本上是规范化的口语，“言”与“文”大体一致。两汉以后，书面语脱离了口语，而逐渐变成一种人为的文字型的文学语言。它的极端形态就是骈俪文。唐宋古文运动使接近自然语势的单行散体，恢复了在叙事、议论、写景、抒情之文中的统治地位，但在公

《新青年》杂志

私文翰、科场应制等领域，依然为骈体留下生存的空隙，而且也没有从根本上解决“言”“文”一致的问题。宋、元以后，白话文学虽然越来越兴旺发达，但却只能占领“不登大雅之堂”的小说、戏剧领域，而作为文学正宗的“古文”的写作，还是继续排斥口语。待到梁启超的“新文体”出世，古典散文中的千年禁地就被一举攻克了。在他使用的散文语言中，不仅大量地吸取了口语的精华，而且还融进了外来词语和外国语法。这无疑是对中国古代散文使用的词汇系统进行了一次深刻的变革。而梁氏的文章之所以能够做到“平易畅达”，挟带情感，对于读者别有一种魔力，也正与他所创造的新的词汇系统的表现力不可分割。这个新的词汇系统，虽然还没有实现“言”“文”一致的历史要求，还保持着旧有的文字型文学语言的基本形态，因而对文学创作使用的词汇系统进行的变革，还很不彻底；但是，在中国散文和中国文学语言演化变革的历史上，它无疑是从文言文转变为白话文、从文字型文学语言复归于口语型文学语言的过渡形态。它适应了历史本身对文学语言变革提出的要求，所以难怪梁启超的“新文体”一出现，学者竞相仿效，而使“文界革命”成为不可阻挡的历史潮流了。由此可见，在中国近代历史上，梁启超不仅是传播西方资产阶级学术文化的卓越的宣传家，而且是赋予新的资产阶级思想以新的语言文字形式的杰出的文学家。这篇《少年中国说》，不妨作为鼎中一脔，推荐给当代读者去细细品味。

梁启超是康有为的学生、信徒、助手，但他们还是分道扬镳了；梁启超与孙中山合作过，也对立过；他拥护过袁世凯，也反对过袁世凯。对此，梁启超说：“这绝不是什么意气之争，或争权夺利的问题，而是我的中心思想和一贯主张决定的。我的中心思想是什么呢？就是爱国。我的一贯主张是什么呢？就是救国。”“知我罪我，让天下后世评说，我梁启超就是这样一个人而已。”中国古代的史官为了给后代留下“信史”而不惜杀头：梁启超毅然拒绝袁世凯的重金收买，而写出了揭露窃国大盗恢复封建帝制的《异哉所谓国体问题者》。

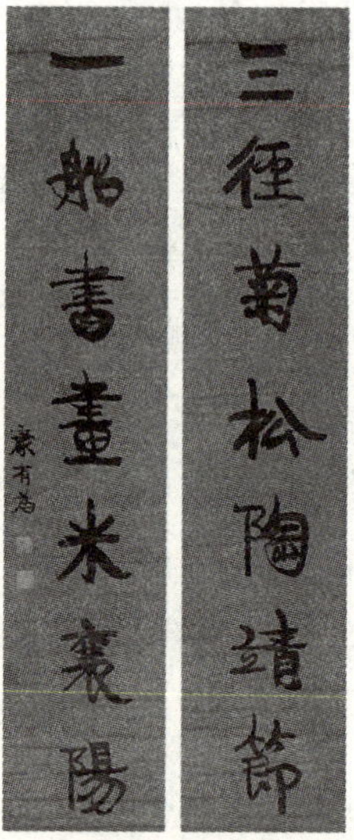

康有为手迹

1925年阴历七月初七，徐志摩与陆小曼结婚，请梁启超出席证婚。梁启超反对他们“使君有妇”“罗敷有夫”之间的恋情，也规劝过徐志摩；碍于徐志摩之父和胡适的情面，梁启超答应出席证婚。但在婚礼上梁启超却对徐志摩、陆小曼用情不专厉声训斥，滔滔不绝，使满堂宾客瞠目

章太炎手迹

结舌。徐志摩不得不哀求:"先生,给学生留点脸面吧。"

梁启超真诚得宽容。1926年3月8日,梁启超因尿血症入住协和医院。经透视发现其右肾有一点黑,诊断为瘤。手术后,经解剖右肾虽有一个樱桃大小的肿块,但不是恶性肿瘤,梁启超却依然尿血,且查不出病源,遂被复诊为"无理由之出血症"。一时舆论哗然,矛头直指协和医院,嘲讽西医"拿病人当实验品,或当标本看"。这便是轰动一时的"梁启超被西医割错腰子"案。梁启超毅然在《晨报》上发表《我的病与协和医院》一文,公开为协和医院辩护,并申明:"我盼望社会上,别要借我这回病为口实,生出一种反动的怪论,为中国医学前途进步之障碍。"

梁启超真诚得有趣。黄苗子著《世说新篇》,其中有《梁启超写序》,文曰:"蒋百里先生为著名军事家,但在文化上亦极有贡献。他留德归国后,曾写了洋洋五万言的《欧洲文艺复兴史》。梁启超阅后大为赞赏,蒋便请梁为此书作序。不料梁文思泉涌,序成也是五万字,觉得不好意思,便加写一短序,而把长序改为著作出版,反过来请蒋百里作序。"

梁启超两次被"掌掴"。章太炎曾在杭州的诂经精舍里师从经学大师俞樾专治朴学(俞樾即后来著名学者俞平伯的祖父)。1894年甲午中日战争的炮声把年轻的章太炎从故纸堆中惊醒。同年康有为主导"公车上书"。次年激进的章太炎就从杭州寄去了十六元钱,要求加入康有为在上海创办的强学会。在上海期间,他认识了很多维新界的人,如谭嗣同、唐才常,并有幸结识了康门的首席大弟子也就是后来跟他闹得不可开交的梁启超。擅长笔墨的章太炎曾在梁启超主持的维新派报纸《时务报》中担任编辑。但是不久因章太炎发表了多篇反满清的文章,梁启超秉承师意拒不发表,章对此不悦。后因对孔教存有不同看法而发冲突,因康有为自视甚高,将孔子比做素王,而自名长素,也就是长于孔子,他门下的弟子多自名超回、轶赐、胜参等,自称水平超过颜回、曾参。章太炎看不过去,一日饮酒数杯对众人称,"所谓长素奈何以衣冠拜索虏"。此言一出引起康梁门人发生肢体冲突,梁启超率数人至章处问罪,章太炎一时怒起,以掌

《时务报》

掴梁启超两记，众人扭打因之决裂。

梁启超与子思顺、思成、思永（1950年）

一次梁启超追随康有为逃日本避难，恰孙中山也在日，中山以康梁亦为清朝压迫，经此惨祸当能自省，乃请人约见。但康有为等人却坚持以"大清子民"为念，要死保光绪帝，将孙中山看作是乱党，拒绝合作。随着孙中山的反满主张在日本华人中影响日益壮大，康为拉拢孙中山的部下派梁启超等人前去协商合作，但梁等人竟要求孙中山放弃原来主张加入他们所谓的勤王运动。梁将孙中山、陈少白等人诓骗到他们的活动之处，忽然摆出香案祭出所谓光绪的衣带诏要孙中山等人叩拜，孙当然拒绝，梁却指使众人不让他们走。陈少白大怒，一把抓住梁启超的衣领抡起左臂就是一记耳光，打得梁踉跄几步几乎摔倒，接着一脚踢翻香案扯碎衣带，曰"我乃堂堂炎黄子孙，岂做奴才拜此小丑，尔辈甘为满洲奴者，可鄙"，吓得康党众人皆退。

1889年（清光绪十五年），梁启超17岁。在当时广东的最高学府学海堂苦读4年后，他参加了这一年的广东乡试，秋闱折桂，榜列八名，成了举人。主考官李端棻，爱其年少才高，将堂妹李惠仙许配与他。惠仙比梁启超长4岁。两年后，二人完婚。次年夏天，梁启超偕夫人李氏南归故里。梁家世代务农，家境并不宽裕，新婚不久的梁启超夫妇只好借用梁姓公有的书室的一个小房间权作新居。广东的气候溽热难当，这使久居北方的李惠仙很不适应。这位生于官宦之家、从北京来的大小姐，并没有嫌弃梁家的贫寒，她看中的是夫君的才华。梁启超的生母赵太夫人早已仙逝，继母只比李惠仙大两岁，李惠仙仍极尽孝道，日夜操劳侍奉，深得梁家喜爱，在乡里也博得了贤妻良母的美名。

光绪帝

"百日维新"失败后，慈禧命令两广总督捉拿梁启超的家人，梁家避居澳门，逃过了一场灭门之灾。梁启超只身亡命东瀛，开始了长达十几年的流亡生涯，李惠仙成了整个梁家的支柱。在几个月内，梁启超给她写了六七封家书，高度赞扬她在清兵抄家时的镇定表现，鼓励她坚强地活下去，并告诉她读书之法、解闷之言，万种浓情凝于笔端。有一封信这样写道：“南海师来，得详闻家中近况，并闻卿慷慨从容，词声不变，绝无怨言，且有壮语，闻之喜慰敬服，斯真不愧为任公闺中良友矣。”后两人在日本得以重聚。李惠仙既温良又贤惠，不仅在生活上关心照顾着梁启超和他的家人，在事业上对梁启超也有不少的帮助。

梁启超生于广东，官话说不好，为此曾吃过不少亏。“戊戌变法”初期，梁启超已名噪京城，光绪帝久闻其名。但在召见他时，因梁启超不谙官话，彼此难以交流，光绪帝大为扫兴，结果只赏了他个小小的六品衔。这也促使梁启超痛下决心学好官话。李惠仙自幼长在京城，官话说得自是流利。自她来日本后，梁启超便请夫人教他学习官话。夫妻二人，妇唱夫随，不消多时，梁启超的口语水准大有长进，在社交场合就得心应手了。

梁启超与李惠仙一向敬爱有加，做了一辈子夫妻，只吵了一回架，梁启超却为此悔恨终生。在李惠仙弥留之际，他对大女儿梁思顺剖白了自己的愧疚心情：“顺儿啊，我总觉得你妈妈的那个怪病，是我们打那一回架打出来的，我实在哀痛至极始终不忍说，现在忍不住了，说出来想把自己的罪过减轻一点。”1924年9月13日，李惠仙因不治之症溘然而逝。梁启超写下了一篇情文并茂的《祭梁夫人文》。文曰：我德有阙，君实匡之；我生多难，君扶将之；我有疑事，君榷君商；我有赏心，君写君藏；我有幽忧，君噢使康；我劳于外，君煦使忘；我唱君和，我揄君扬；今我失君，只影彷徨。

1899年底，梁启超应康有为之请，赴美国檀香山办理保皇会事宜。一日，檀香山一位加入保皇派的侨商设家宴招待梁启超，引来了一段刻骨铭心的感情纠葛。梁启超进入何家大院，出迎的除主人外还有一年轻女子。她是侨商的女儿，叫何蕙珍，芳龄20，从小接受西方教育，16岁便任学校教师，英文极好。因那天有西洋人参加宴会，由她做梁启超的翻译。宾主落座，何蕙珍便挨着梁启超坐下，不时有一股淡香飘入梁启超的心腑。多年来，除了妻子李氏外，他还没有与一个女子这样接近过。席间，何小姐颇为活跃。她广博的学识、不凡的谈吐，尤其是她对梁启超著述的熟稔，使在座者大感意外。整个宴会仿佛成了何小姐与梁启超的对语，而他们两人，也如相知多年的忘年交一般。席将罢，何小姐又

水仙花

将她在报上替梁启超辩护的文章原稿拿来给他看，并说：“这是我代先生笔战起草的英文中译稿，请先生惠存并予指教。”接过何小姐的手稿，梁启超吃了一惊，他多日的疑惑顿时冰释。原来，梁启超刚到檀香山时，到处奔走演说。清廷驻檀香山领事馆买通了一家当地的英文报纸，不断写文章攻击梁启超。梁启超心中不服，苦于不懂英文，不能回击，只好置之不理。不料此后不久，竟出现一桩怪事，另一家英文报纸上连载为梁启超辩护的文章，文字清丽，论说精辟。显然，作者对梁启超的经历和著述了若指掌，但文章未署作者姓名。今日真相终于大白，原来那些为自己辩护的文章，竟都出自眼前这位华侨小姐之手。临别时，何蕙珍含情脉脉言道：“我十分敬爱梁先生，今生或不能相遇，愿期诸来生，但得先生赐一小像，即遂心愿。”数日后梁启超践约将照片赠予何小姐，何小姐亦投桃报李，回赠亲手织绣的两把精美小扇。梁此时已坠入情网，几近痴迷。不久，一位好友前来拜访梁启超，婉劝梁娶一懂英文的女子做夫人，说这样会给他的事业带来极大的帮助。梁启超沉思片刻，随即言道：“我知道你说的是谁。我敬她爱她，也特别思念她，但是梁某已有妻子，昔时我曾与谭嗣同君创办‘一夫一妻世界会’，我不能自食其言；再说我一颗头颅早已被清廷悬以十万之赏，连妻子都聚少散多，怎么能再去连累人家一个好女子呢？”又过了数日，何小姐的英文教师宴请梁启超。席间见到何蕙珍，梁启超心情极为复杂，不敢触及敏感话题。倒是何蕙珍落落大方，谈吐自如。分手之时，何小姐说：“先生他日维新成功后，不要忘了小妹。但有创立女学堂之事，请来电召我，我必来。我之心唯有先生懂。”世上难道还有比这更直接的表白吗？梁启超心醉了。他不忍再待下去，轻轻说了声“珍重”，便连忙离去，其情景有如逃奔。他在理智上克制了自己，但内心深处的感情却不能自欺。这期间，他陆续写了24首情诗，以记述对何蕙珍的赞美、思念和无奈之情，把对何蕙珍的深深爱慕融入诗篇之中，其中有一首这样写道：

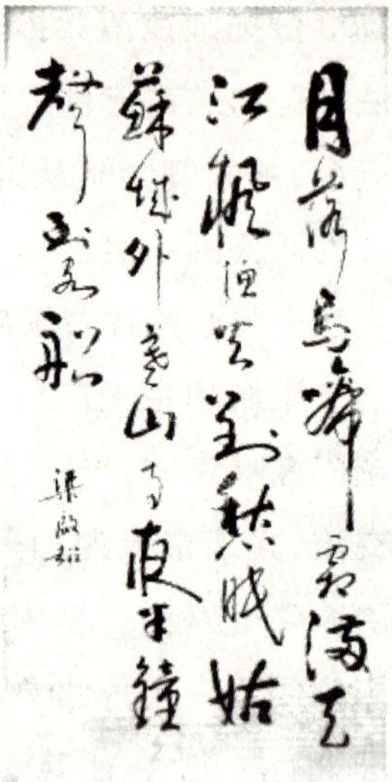

梁启超书法

颇愧年来负盛名，天涯到处有逢迎；

识荆说项寻常事，第一知己总让卿。

梁启超旧居

梁启超不愿把这件事绕开自己的结发妻子。他在1900年5月24日的一封家书中，把檀岛奇遇说与李惠仙知。在信中，他煞费苦心地讲述着对何蕙珍的态度，表示自己忍痛做出"万万有所不可"的决定。李惠仙读了梁启超的信，自然气恼，她给梁启超写了一封回信，大意是说：你不是女子，大可不必从一而终，如果真的喜欢何蕙珍，我准备禀告父亲大人为你做主，成全你们；如真的像你来信中所说的，就把它放在一边，不要挂在心上，保重身体要紧。李惠仙要把问题交给梁启超的父亲梁宝瑛去处理，因为她知道梁父是决不会同意他娶小的。夫人此举让梁启超着了慌，他急忙复信，求妻子手下留情，并再三向夫人表白，对何蕙珍已"一言决绝，以妹视之"。信中说："此事安可以禀堂上？卿必累我挨骂矣；即不挨骂，亦累老人生气。若未寄禀，请以后勿再提及可也。前信所言不过感彼诚心，余情缱绻，故为卿絮述，以一吐胸中之结耳。以理以势论之，岂能有此妄想。吾之此身，为众人所仰望，一举一动，报章登之，街巷传之，今日所为何来？君父在忧危，家国在患难，今为公事游历，而无端牵涉儿女之事，天下之人岂能谅我……任公血性男子，岂真太上忘情者哉。其于蕙珍，亦发乎情，止乎礼义而已。"梁启超最终以理智锁住情感，结束了这场苦恋。促使他做出这种选择的另一个重要原因，是国内形势急剧恶化，斗争十分残酷，他已没有时间沉溺于儿女私情。后来，在梁启超任民国司法总长时，何蕙珍又从檀岛来北京，欲与之结秦晋之好。但梁启超只在总长的客厅里招待何蕙珍，她只好怏怏而返。李惠仙病逝后，何蕙珍也从檀岛赶来，但梁启超仍然婉辞。梁启超的这一做法，对何蕙珍来说似乎有点薄情，以至何蕙珍的表姐夫、《京报》编辑梁秋水也责备梁启超"连一顿饭也不留她吃"。

据《革命逸史》所记，李惠仙与梁启超结婚时，还带来了两名丫鬟，一个叫阿好，一个叫王来喜，王来喜即王桂荃。阿好脾性不好，又不听使唤，不久便被梁家赶出了家门。而王桂荃则聪明勤快，深得梁氏夫妇的喜欢，家中事务甚至财政都由她掌管。1903年她成为梁启超的侧室。对于这桩婚事，大概是考虑到有悖一夫一妻制的主张，梁启超从不张扬，尽量讳避。他在信中提到王桂荃时，多称"王姑娘""三姨"或"来喜"。只是在1924年，李惠仙病重，王桂荃又怀上小儿子思礼，适值临产时，梁启超在写给好友蹇季常的信中，首用"小妾"之称。但

梁思成、林徽因伉俪

是，梁启超所有的孩子对王桂荃的感情都非常深，他们管李惠仙叫妈，管王桂荃叫娘。梁思成后来回忆他小时候的一件事时说，有一次他考试成绩不好，李惠仙气急了，用绑了铁丝的鸡毛掸子抽他。王桂荃吓坏了，她一把把梁思成搂到怀里，用身子护着他。当时李惠仙还在火头上，收不住手，鸡毛掸子一下下地抽在了王桂荃的身上。事情过后，王桂荃拉住梁思成，用很温和、很朴素的话教育他，让他好好读书。在复杂的政治激流中，梁启超的思想经历了巨大的转变，他头脑中描绘的政治蓝图也由君主立宪制完全转变为民主共和制。1915年袁世凯复辟后，他又站出来反对帝制。梁启超始终追随着时代的步伐，肩负起天下兴亡的重任。而使他始终无后顾之忧的，则是在他背后默默支持他的两位夫人。在李惠仙、梁启超去世后，留给了王桂荃9个孩子。在这之后的岁月里，王桂荃一人照顾全家上下，梁家的孩子们从王桂荃的身上学得了更多的勤奋。梁氏的9个子女多从事科学工作，并涌现出三位院士：建筑学家梁思成、考古学家梁思永、航天专家梁思礼。1968年，85岁的王桂荃，在“文化大革命”中与孩子们四散分离，最后在一间阴暗的小屋中与世长辞。她是中国寻常女性的缩影，但她又是一个很不寻常的女人。“文革”后，梁家的子女们，在梁启超与李惠仙的合葬墓旁种下了一棵母亲树，立碑纪念这位培育了数名栋梁之材的平凡母亲。

（张迪平）

歌泣无端字字真

——龚自珍《病梅馆记》

《病梅馆记》作于1839年(据吴昌绶《定庵年谱》,为道光十九年)。这是一篇作者返回故里杭州为自己新辟梅园命名"病梅馆"而作的散文。题目又名《疗梅说》。从题目字面上看,写作对象是"梅",落笔重点在"病"字上,十分醒目,引起读者深思。文章这样定题说明作者"歌泣无端字字真",是有的放矢、有感而发。

龚自珍(1792—1841)

"记"是记事文体的一种,更见本文所写内容的真实。从文章内涵来看,托物言志,以梅议政,对封建统治的腐朽、黑暗以及庸俗现象作了无情的揭露和批判,对追求个性解放和要求变革的进步思想作了真切的反映,是一篇语含"酸辣"的十分精彩的小品文。

文章开头从梅的产地入题,列举出江宁的龙蟠、苏州的邓尉、杭州的西溪,都盛产著称于世的梅花,引出叙议的对象。在我国的民族文化传统中,古代历来以青松、翠竹、白梅、黄菊等具有自然天性的事物来比喻志士仁人,以它们的苍劲、坚韧、俊俏、雅洁的特性来比喻人的坚贞、高洁的品格。这里自然是以梅喻人、托物言志,寓意深刻,富有韵味和情致。"皆产梅",一字"皆",既说梅分布之广,又说梅产地之多,暗喻天下人才不可胜数,江浙一带尤为人才济济,为下文"江浙之梅皆病"先垫一笔。这里,作者调动读者的艺术知觉去回味这点石成

《龚自珍全集》

金之笔。鲁枢元在《作家的艺术知觉与心理定势》一文中这样说过："优秀的作品，字里行间似乎包含着诉之不尽的意蕴和情致，一个词就是一个表象，一句话就是一个意象，一段话就是一种意境，作家仿佛把生活中的有关经验、意绪、思维、情趣全部浓缩在作品之中了，这样的作品令人陶醉，令人回味无穷。"本文起手就把读者置入一片梅林之中，包含"江山代有才人出"的意蕴。先写梅的产地，也为全文的叙议打下了基础。下文接着从三个方面层次清楚地分析了病梅产生的缘由。一是有些人以陈腐的审美情趣和赏梅观点去品梅。这些人认为梅"以曲为美""以欹为美""以疏为美"，而"直则无姿""正则无景""密则无态"，以他们的好恶作为品梅的标准。这里用"曲"和"真"、"欹"和"正"、"疏"和"密"六个意义相反的形容词，准确简练、对比鲜明地摆出了两种截然不同的审美观：曲、欹、疏为美，直、正、密为丑。这里显然是托梅写人，影射封建统治阶级选用人才的标准。清朝统治者，为了维护其封建专制，实行严酷的思维统治，戕害刚正、忠贞、富有朝气的人才，钳制人们成为屈曲、奸邪、蝇营狗苟、唯唯诺诺的庸才和奴才。作者入木三分地揭露了产生病梅的黑暗社会现实。二是文人画士正是以上述品梅观点来"夭梅""病梅"的。文中写道，这些封建文人画士，"心知其意，未可明诏大号"。说明他们有见不得人的意图，有不可告人的目的。"以绳天下之梅"，才是他们的本意。他们就是要把"曲""欹""疏"作为标准，而将"天下之梅""斫直""删密""锄正"，以达到他们"夭梅""病梅"的罪恶目的。寥寥数语，严正地揭露和批判了文人画士的居心不善、用意邪恶。这里的文人画士正是代表了清朝封建统治者，他们大兴文字狱，连"清风不识字，何故乱翻书"的诗句也会引来祸殃；他们

梅　花

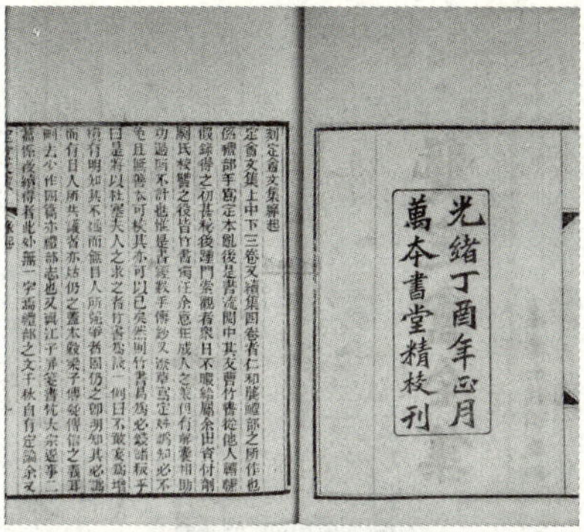

龚自珍《定庵全集》

以八股文取士，天下出现了“万马齐喑”、令人窒息的沉寂局面。“斫”“删”“锄”，一字一箭，连连戳穿了产生病梅的社会原因，也惟妙惟肖地刻画出封建统治阶级摧残人才的狰狞面目。对于封建统治阶级扼杀人才的罪恶，作者还这样写道：“才士与才民出，则百不才督之缚之，以至于僇之”，“徒僇其心，僇其能忧心，能愤心，能思虑心，能作为心，能有廉耻心，能无渣滓心”。（《乙丙之际著议策九》）只要出现了有才能的士或人，封建统治阶级的帮凶就群起而督责、束缚，以至于摧残、扼杀他们。这就是斫正、删密、锄直，“以夭梅病梅”的具体内容。在这一层的字里行间隐含着作者极大的悲愤。三是有些人助纣为虐的卑劣行径。这是帮凶者所为。要养出横斜、疏朗、弯曲的梅花，不是那些一般愚蠢的只知道赚钱的人凭自己的智慧和能力所能够办到的，于是“有以文人画士孤癖之隐，明告鬻梅者”，强行地“斫其正，养其旁条，删其密，夭其稚枝，锄其直，遏其生气”。这里一连用六个动宾短语，揭露了封建统治者的帮凶们，趋炎附势，投合其主子的意图，极尽扼杀人才之能事。他们采取各种摧残人才的卑劣手段，排斥刚正不阿之士，剪除大量有用之才，扼制新生力量，清洗正直忠良，阻遏蓬勃生气，豢养奸佞邪恶的小人。六个动词用得十分精当：“斫”字揭露他们对刚正廉洁人才的粗暴排斥，“删”字暗喻大批有用人才遭到严重抑制，“夭”字象征新生力量惨遭扼杀，“锄”字比喻大量耿直忠良之士遭到清洗，“遏”字指蛮横地遏制、压抑人才蓬勃的朝气；而“养”字栩栩如生地勾画出封建统治阶级豢养、扶植奸佞小人的邪恶用心。从而强烈地谴责、抨击了封建统治者摧残、戕害人才的罪恶。“江浙之梅皆病”正是“斫”“删”“夭”“锄”“遏”等罪恶行径所造成的后果。这句照应开头，“江浙之梅”是总括“江宁之龙蟠，苏州之邓尉，杭州之西溪，皆产梅”的文意；“皆病”点明受害面极广，病梅之多——这是“文人画士”戕害的恶果。于是笔锋直指文人画士：“文人画士之

梅花图

祸之烈至此哉!”“祸”“烈”总结了人才受害之惨。“江浙之梅皆病”，且“烈至此”，正是《己亥杂诗》中作者所写的“万马齐喑究可哀”，清王朝扼杀人才，到处是死气沉沉的局面。段末一叹，作者无限同情，满怀愤慨，无情地痛斥了封建统治阶级的罪恶行径。

第一段揭示出了病梅的社会根源之后，第二段就写自己疗梅的经过和期望。“予购三百盆，皆病者”，紧扣上文“江浙之梅皆病”；“无一完者”，紧扣上文“文人画士之祸之烈至此哉”，哀怜、义愤之情洋溢、迸发，回肠荡气，自然引出“泣之三日”。为病梅而泣，正是为人才惨遭扼杀而痛心疾首。如泣如诉的语言，同情、愤激的情调，令读者“心有灵犀一点通”，激起了共鸣。作者俯视了病梅产生的社会现实，又洞察到产生病梅的社会根由，并不消极、低沉，而是“予购三百盆”“誓疗之”，行动何等果敢，态度何等积极，语言何等深沉。“疗”梅的方法是“纵之顺之”“毁其盆”“悉埋于地”“解其棕缚”。“纵之顺之”，就是要破除封建统治对人才的束缚，让人才获得自由发展，个性得到解放。“毁其盆”“解其棕缚”，就是要摧毁封建统治禁锢人才的精神枷锁。“必复之全之”，就是一定要让人才发挥聪明才智，各种人才都能人尽其才。这里吐露了作者要求个性解放，“不拘一格降人才”的心声。作者“疗梅”的描写，曲折地反映了他对于残酷统治的愤慨和要求改革的迫切，以及对个性解放的强烈渴望。从遣词造句看，句式简短，节奏急促，笔力遒劲，让读者感受到“疗梅”急不可待，决心不可动摇。“购”“疗”“纵”“顺”“毁”“解”“复”“全”等动词写出了一系列疗梅的行动及其决心，充分表现了作者对专制主义压抑、束缚的满腔义愤和对抗现实社会中专制淫威的斗争激情。“予本非文人画士，甘受诟厉，辟病梅之馆以贮之”，旗帜鲜明地表现了作者的立场观点和斗争决心。“予本非文人画士”，表明与他们不是同流人物，也不同流合污。“甘受诟厉”，表现了作者敢于面对社会现实，针砭时弊，毫不畏惧、不怕打击、不怕迫害，决心与封建统治阶级斗争的思想。“辟病梅之馆”，点明题旨，收束前文。

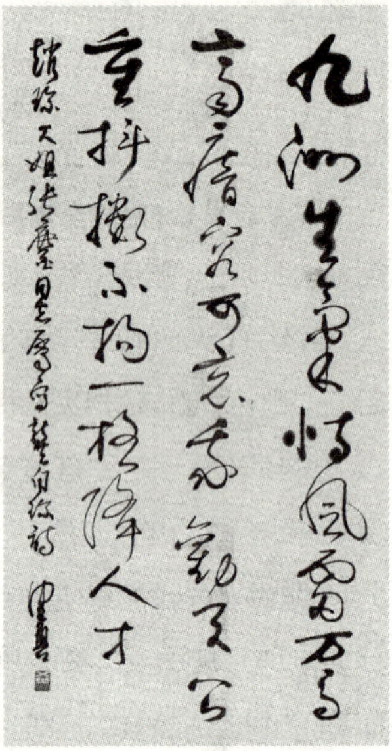

陈佩秋书龚自珍《己亥杂诗》

文章前两段，由写病梅到写病梅之馆。最后一段，写疗梅的心志。用“呜呼”这一叹词引出议论。“多暇日，又多闲田，以广贮江宁、杭州、苏州之病梅”，照应前文江浙病梅之多,期望有很多空暇的时间、空闲的田地。实际是慨叹自己暇日不多,疗梅的力量有限,慨叹自己的力量不足以挽回人才遭受扼杀的局面,所以用反问句式“安得使予……也哉”来抒写“穷予生之光阴以疗梅”的心志。末尾这一叹,以议论方式充分表现出作者坚持斗争的志向。

龚自珍是我国19世纪上半期一个杰出的思想家和文学家。他生活的年代(嘉庆、道光年间)是中国封建社会日趋解体、没落,面临崩溃,走向半封建、半殖民地的过渡时代的开始阶段。在这一历史新阶段,资产阶级刚从封建主义的土壤中露出一点嫩芽。他对封建国家的新危机,具有一种特殊的敏感性,思想带有极大的叛逆性。他以一种特有的敏锐的眼光观察现实,把文学创作与“当今之务”联系起来,在他的文学创作中表现了对清王朝腐败政治的不满,对于官僚的庸碌而不思振作的厌恶,对腐朽、黑暗的现实政治、社会进行了深刻的揭露和尖锐的批判,并发出改革的呼声,提出改良的主张。他首开近代文学史上的一种“讥切时政,诋毁专制”的风气;追求个性解放成了他诗文中的特有情调。《病梅馆记》是在这方面写得最动人而出色的散文精品。这篇议论小品文,以小见大,通过植梅的生活琐事,反映了作者在专制主义的压制和束缚之下,渴望人格的自由、求得精神解放的思想。文章中“疗之:纵之顺之,毁其盆,悉埋于地,解其棕缚”,就是要让梅树获得自由的舒展,勃发而健康地生长,反映了他对残酷统治的愤慨和要求改革的迫切。作者身处统一的封建国家面临没落、崩溃的时代,封建统治阶级以文字狱、八股文扼杀一切聪明才智,加强思想统治,奴役人民,“万马齐喑”的阴云笼罩着全国大地。作者眼见到清王朝现实统治为“日之将夕”,在《病梅馆记》中,他借梅喻人议政,强烈要求改革政治,摆脱摧残人性的专制淫威,打破严酷的思想统治,追求个性解放。病梅之所以病,原因是斫伤了它的天性,梅树应该以它蓬勃的生机,以它的自然形态健康生长,这样才符合于自然物理的个性。作者的这种思想认识正是他与束缚个性的现实社会对抗的表现。对腐朽的现实政治、社会进行无情地揭露和尖锐地批判,是龚自珍中年以后作品的重要部分。他的散文,无论写什么题材,总是带着批判的眼光,从全局着眼,从政治、社会的高度看问题,作客观的、公正的对于现实政

清末北京图

治、社会的批判，因而一般具有深刻的思想内容。写于鸦片战争前夕（1839年，作者48岁）的《病梅馆记》，篇幅不到三百字，其思想内容深刻的原因就在于此。

适应其思想内容表达上的需要，文章的表现形式和手法也非常特殊。《病梅馆记》采用小品文样式，运用以梅喻人、借题发挥、托梅议政的曲笔，透过植梅、养梅、品梅、疗梅的生活琐事，由小见大，表现了破除封建束缚、追求个性解放的鲜明政治观点和主张。文章段段写梅，处处写梅，通篇写梅，产梅之地、夭梅之由、叹梅之病、疗梅之志、疗梅之法，层层写来，有叙有议，每一段，每一层，都影射腐朽的现实政治，矛头指向专制主义严酷的思想统治，抨击封建统治阶级对人才的压制、摧残的罪行，表达了作者要求改革政治，砸掉禁锢人才的精神桎梏和追求个性解放的迫切愿望，反映了在封建统治下觉醒了的知识分子的反抗情绪和改革时政的要求。

段玉裁《说文解字注》

龚自珍出生在杭州的诗礼簪缨之家，母亲段驯是文字学大师段玉裁（代表作为《说文解字注》）的女儿，同样善于“以字解经，以经解字”。这样的家学渊源，不用讲，龚自珍受惠良多。他髫龄早慧，15岁分韵作诗，19岁倚声填词，23岁作《明良论》四篇，送给外公段玉裁斧正，得到很高的评价，其语为：“吾且耄，犹见此才而死，吾不恨矣！”

《定庵先生年谱》曾记载：龚自珍孩提时，只要过了正午，听见柔靡的箫声就会生病，及至长大了，仍旧如此，可谓应验如神。谁也弄不明白这究竟是什么缘故。可是龚自珍的诗词中总是充满了剑气和箫声，“气寒西北何人剑，声满东南几处箫”（《秋心》之一），“狂来说剑，怨去吹箫，两样销魂味”（《湘月》），“少年击剑更吹箫，剑气箫心一例消”（《己亥杂诗》之一），难怪他一生多病多灾。定庵常说其前身是一位修道未精的老和尚，莫非老和尚修道未精就听不得箫声？真是咄咄怪事。

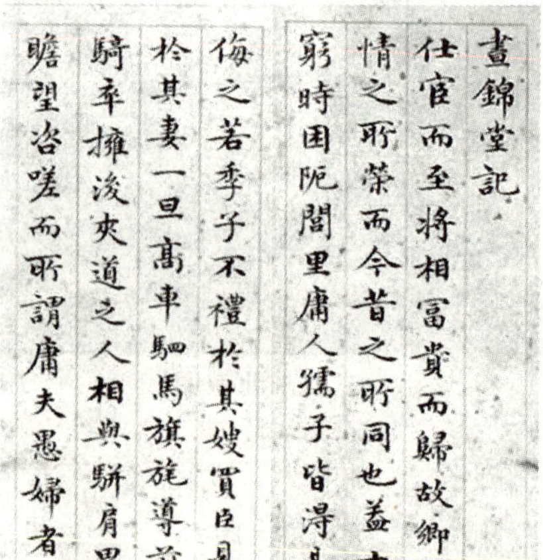

董其昌《书锦堂记》

在科举考场上，大才子蹭蹬者多，顺遂者少，定庵也不例外。直到38岁那年，他才勉强通过春闱，考中三甲第十九名进士，这个成绩够悬的，离落第并不太远。清代的殿试以书法为重，龚自珍的毛笔字马马虎虎，就为这一条，他便跻入不了鼎甲、二甲之列，点不了翰林。龚自珍的官运也平淡无奇，46岁在礼部主事（从六品）任上便封了顶，再也没有升迁的迹象。

一次，定庵去拜访身为部长高官（礼部尚书）的叔叔，刚落座，叔侄尚未寒暄数语，阍者就报告说，有位小门生到府中求见。来人新近入了翰林，正春风得意着呢。龚自珍只好暂去耳房回避，外间的谈话听得倒也一清二楚。尚书问门生最近都忙些什么，那人回答，也没啥要紧的事情，平日只是临摹字帖。尚书夸道："这就对啦，无论大考小考，首要的是字体端庄，墨迹浓厚，点画工稳。若是书法一流，博得功名直如探囊取物!"那位门生正唯唯诺诺地恭听教诲，定庵忍不住在隔壁鼓掌哂笑道："翰林学问，原来如此!"这话直弄得那位门生大窘，慌忙告辞，尚书则大怒，将龚自珍狠狠地呵斥了一番，叔侄间竟为此断绝了长年的亲密来往。狐狸吃不到葡萄，便说葡萄是酸的，也很可能认为它格外地甜。定庵未入翰苑，受到的刺激还真不小呢，后来，他干脆让女儿、媳妇、小妾、宠婢都日日临池，而且专练馆阁体。平常，若有人说到翰林如何如何，他就会嗤之以鼻地挖苦道："如今的翰林，还值得一提吗？我家的女流之辈，没有一人不可入翰林，不讲别的，单凭她们那手馆阁体的毛笔字，就绝对够格了!"瞧，他这讽刺牢骚的话说得多滑稽。你称这是狂吧，他也真狂得妙趣横生。

大凡性情中人，喜欢讲怪话，管不住自己的嘴巴，动辄触犯时忌，在官场里就休想混出多大的名堂。定庵作过一副对联："智周天下而无所思，言满国中而未尝议。"这种证悟法华三昧的话，说说而已，他如何能臻达化境？定庵只好认命，做个诗酒风流的名士，感觉也不错嘛，至少比那些削尖脑袋苦苦钻营的家伙活得更潇洒快意。

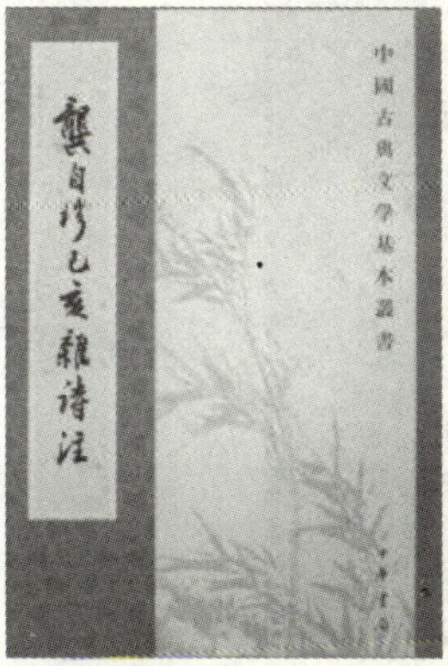

《龚自珍已亥杂诗注》

放浪形骸之外的人，身上总难免会有长年改不掉的毛病。定庵平日身上不可有钱，有钱即随手化尽，花酒也没少吃，樗蒲之戏（赌博）也没少玩，而且场场必输。所幸他诗名大，崇拜者不乏其人，借钱给他，似乎还嫌不够客气和义气，有人干脆送钱给他，索性将自己的快乐建立在这位名士的快乐之上。定庵嗜赌，多半花别人的钱，得自家的快活，如果真要他破财，他一早就倾家荡产了。令定庵最沉迷的赌戏是摇摊（即押宝），他经常吹牛说他能用数学公式解出大小输赢的概率，分毫不差。令人咋舌的是，他的“研究工作”竟做到了卧室里，帐顶画满一大堆数字，没事时，他就躺在床上，抬头琢磨那些数字的排列组合，从中探寻消长盈虚的信息。定庵不止一次地吹嘘自己的赌术天下独步，了解他的人则清楚，其所谓独步天下的赌术，只不过是赵括那样的纸上谈兵，全无实际效果。

某回，扬州某盐商家大摆宴席，名流巨贾齐聚，酒过三巡，照例要开赌局。有位喜欢附庸风雅的王姓客人，是定庵的崇拜者，那天晚到，看见龚大诗人独自拂水弄花，昂首观云，似有萧然出尘之想，便凑到跟前来搭讪：“您不喜欢热闹吧？独自游园，可真是雅人深致啊！”定庵却笑道：“陶靖节(渊明)种菊看山，哪里是他的本意，只不过无可奈何，才纵情山水之间，以寄托满怀忧郁。所以他的诗文越是旷达，就越是表明他不能忘怀世事。我拂水弄花，也是这种境况而已，没什么特别。”稍停，他又说：“今天的赌局，我早看得雪样分明，只因阮囊羞涩，才使英雄无用武之地。可惜世间没有豪杰之士，肯借赌本给我去大博一场！”王君正愁没有进一步攀结定庵的契机，听他这样海侃神吹，还能不倾囊相助？两人联袂入局，赌小赌大，呼卢呼雉，转眼间，就连输五把，一千两银票顿时化为乌有。王姓客人多的是钱，倒没怎么着恼，定庵却气得嗷嗷直叫，一跺足，扬长而去。是真名士自风流。可是定庵风流过了头，代价未免太高了一点。定庵的情敌很不简单，是荣恪郡王绵亿的儿子，姓爱新觉罗名奕绘，文学上的造诣也不浅，著有《明善堂集》。奕绘受封为贝勒，其妻太清西林春则为福晋。太清本姓顾，是江苏吴门人，才色双绝。奕绘不仅会做官，还特别爱才，家中自然是谈笑有鸿儒，往来无白丁。44岁时，定庵任宗人府主事，是奕绘的部员，常去府邸交差。贝勒把他尊为上宾，随他在府中行走，时或与太清诗词唱和。定庵《己亥杂

虎门销烟

诗》中有“一骑传笺朱邸晚，临风递与缟衣人”的诗句，浪漫温馨，即真实写照。久而久之，两人通了情款。太清常穿白衣，披红斗篷，凌波微步，胜似天仙，手指洁白如玉，尤其喜欢骑在高头骏马上弹铁琵琶，见过的人都说她是王昭君再世。定庵有绝活，他与太清用蒙语聊天，用汉语写诗，用吴语调情，表面上看不出半点蛛丝马迹。但情之所至，神魂为之颠倒，又怎能长期避人耳目？贝勒暗中派人追杀定庵，一定要致他于死命。所幸太清的仆人忠心爱主，侦获这一阴谋，及时通知了定庵。事出仓促，定庵孤身逃往江东，路费不足，竟差点污面做了乞丐。

嘉（庆）、道（光）之际，定庵与魏源并肩齐名，有“龚魏”之称。就文学而言，龚胜于魏；以政见而论，魏胜于龚。定庵也极力主张御外侮、焚鸦片。他一直关注塞防与海防，曾撰《蒙古图志》，洞悉沙俄的狼子野心。林则徐为钦差大臣，去广东禁烟，定庵写了一篇《送钦差大臣侯官林公序》，劝老友多带兵，多筑炮台，多留神，准备一战，他的确很有先见之明。定庵真有侠肝义胆吗？“狂来说剑，怨去吹箫”，可不是闹着玩的，可惜豪情都付流水飘风，虽是极佳曲调，时人和后人都听不分明。弱质书生自古好为大言，连诗仙李白也未能免“俗”。

（张迪平）

圆通广大　据中而立

——林纾《致蔡鹤卿太史书》

林纾（1852—1924）

林纾（1852—1924年），字琴南，号畏庐，别署冷红生，晚称蠡叟、践卓翁、六桥补柳翁、春觉斋主人。室名春觉斋、烟云楼等。近代文学家、翻译家。福建闽县（今福州市）人。早年曾从同县薛锡极读欧阳修文及杜甫诗。后读同县李宗言家所藏书，不下三四万卷，博学强记，能诗，能文，能画，有狂生的称号。光绪八年(1882年)举人，考进士不中。光绪二十六年（1900年），在北京任五城中学国文教员。所作古文，为桐城派大师吴汝纶所推重，名益著，因任北京大学讲席，推重桐城派古文。以意译外国名家小说见称於时。

林纾自幼嗜书如命，五岁时在私塾当一名旁听生，受塾师薛则柯的影响，深爱中国传统文学，从此与文学结下不解之缘。但由于家境贫寒且遇乱世，他不得不为生计终日奔波。闲时他也不忘苦读诗书，13岁至20岁期间校阅残烂古籍不下两千余卷。

1882年对于林纾来说是关键而又具转折性意义的一年——从一个穷秀才一跃成为江南赫赫有名的举人。在摆脱贫困窘境的同时，他广结师友、饱读诗书。爱国心切的他，虽已过而立之年，却不辞辛苦，七次上京参加礼部会试。原

林纾译《巴黎茶花女遗事》

本一心想报效祖国的林纾"七上春官,屡试屡败",因而从此绝意于仕途,专心致志地走上文学创作的道路。

1897年,已步入不惑之年的林纾,捧着《闽中新乐府》和让洛阳"一时纸贵"的《巴黎茶花女遗事》译本开始了他迟来且丰硕的著译生涯。然而,林纾涉入译界却是极为偶然的事,他的译作如此畅销也在意料之外。当时恰逢林纾母亲去世,接踵而至又是妻子病故。魏翰、王寿昌等几位好友为帮林纾走出消沉的困境邀他一同译书。林纾起先再三推脱,最后才接受了这一请求。《巴黎茶花女遗事》得到国人相当的认可,从某种程度上激励着林纾沿着翻译文学作品的道路继续走下去。

在之后短暂的27年生命里,他不仅用一腔爱国热血挥就了百余篇针砭时弊的文章;用犀利、恰切的文笔完成了《畏庐文集》《讽喻新乐府》《巾帼阳秋》等40余部书,成功地勾勒了中国近代社会的人生百态;而且在不谙外文的特殊情况下,与魏翰、陈家麟等曾留学海外的才子们合作翻译了180余部西洋小说,其中有许多出自外国名家之手,如英国作家狄更斯著的《大卫·科波菲尔德》、英国哈葛德的《天女离魂记》、俄国托尔斯泰著的《恨缕情丝》、西班牙塞万提斯的《魔侠传》、法国森彼得的《离恨天》、英国司哥特著的《撒克逊劫后英雄略》、笛福著的《鲁滨孙漂流记》等。这些西洋小说向中国民众展示了丰富的西方文化,开拓了人们的视野。它们牢固地确立了林纾作为中国新文化先驱及译界之王的地位。至此,林纾被公认为中国近代文坛的开山祖师及译界的泰斗,并留下了"译才并世数严林"的佳话。

林纾不懂外文,选择原本之权全操于口译者之手,因而也产生了一些疵误,如把改编名著或删节的儿童读物当作名著原作,把莎士比亚和易卜生的剧本译成小说,把易卜生的国籍误成德国等。即使这样,林纾仍然译了四十余种世界名著,这在中国,到现在还不曾有过第二个。

林译小说的译笔有其独自的特色和成功处。例如,他所译的《撒克逊劫后英雄略》,颇能保有原文的情调,人物也能传原著之神;《孝女耐儿传》中,写胖妇劝主妇之母为主妇出气以重罚其夫一段,不仅未改原作情调,有时连最难表达的幽默也能表达出来。他的译笔一般轻快明爽。

林纾译书的速度是他引以为豪的。口述者未毕其词，而纾已书在纸，能一时许译就千言，不窜一字。他是古文家，喜欢用古文义法来讲他译的小说。他赞美狄更斯“扫荡名士美人之局，专为下等社会写照”，善于“刻画市井卑污龌龊之事”，善叙“家常平淡之事”（《孝女耐儿传自序》），而用《史记·外戚传》写窦长君的话作比，认为《史记》中此等笔墨亦不多见。又说《红楼梦》虽亦“善于体物，终竟雅多俗寡”。通过用《史记》《红楼梦》作比，赏识狄更斯的笔墨，为中国读者打开了眼界。他在《不如归序》里，称德富健次郎“夹叙甲午战事甚详。余译既，若不胜有冤抑之情，必欲附此一伸”。又说：“纾年已老，报国无日，故日为叫旦之鸡，冀吾同胞警醒。”这说明他翻译小说，不光要把外国小说艺术技巧介绍到中国来，更要把他的爱国热诚，通过翻译感动读者。加上他凭着自己的文学素养，弥补有些原作的不足，使他的译作竟胜过有些原作。他借助他人口译来翻译的小说，其中的成功译作至今还具有生命力。

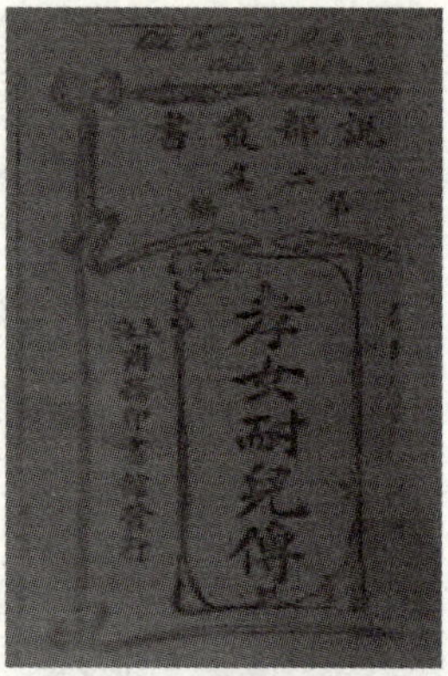

林纾（译）《孝女耐儿传》

蔡元培（1867—1940）

林纾乐善好施，在他译作畅销海内的那几年，月收入近万，他大部分都用来资助家境贫寒的学生上学。他自己不会外文，却资助了许多学生到国外深造。晚年，林纾的古文体受到新文学运动的冲击，终于丢了北大的教席，从此经济情况大不如前。那些曾受到他接济的学生，此时都学成回国，在社会上崭露头角。他们聚在一起，商量了一个既能帮助恩师度过窘境又不使恩师难堪的计策：他们捐款成立了一个基金会，名义上是为了支持林纾的翻译工作，实际上款项都由林纾自行使用，常常用于他私人的日常开销。

作为捍卫传统文化的反潮流英杰，林纾不甘放弃努力。他忽然想到曾任民国教育总长、现任北京大学校长的蔡元培（1867—1940年）。1919年3月18日，他发表《致蔡鹤卿太史书》，开头叙二人交往道：“与公别十余年，壬子（1912年）始一把晤。匆匆八年，未通音问，至以为歉。属辱赐书，以遗民刘应秋先生遗著嘱为题词，书未梓行，无从拜读，能否乞赵君作一短简事略见示？谨撰跋尾归之。呜呼！明室敦气节，故亡国时殉烈者众，而夏峰、梨洲、亭林、杨园、二曲诸老，均脱身斧钺，其不死幸也。我公崇尚新学，乃亦垂念逋播之臣，足见名教之孤悬，不绝如缕，实望我公为之保全而护惜之，至慰至慰！”林纾比蔡元培大15岁，二人虽八年未通音问，但因蔡嘱其为遗民刘应秋遗著题词，使他产生蔡虽“崇尚新学”，乃亦“垂念逋播之臣”之念，心灵间似有沟通的可能。他在《答大学堂校长蔡鹤卿书》郑重地提出：

许慎《说文解字》

方今人心丧敝，已在无可救挽之时，更侈奇创之谈，用以哗众。少年多半失学，利其便己，未有不糜沸麕至而附和之者，而中国之命，如属丝矣。晚清之末造，概世者恒曰：“去科举，停资格，废八股，斩豚尾，复天足，逐满人，扑专制，整军备，则中国必强。”今百凡皆遂矣，强又安在？于是更进一解，必覆孔孟，铲伦常为快。呜呼！因童子之羸困，不求良医，乃追责其二亲之有隐瘵逐之，而童子可以日就肥泽，有是理耶！外国不知孔孟，然崇仁，仗义，矢信，尚智，守礼，五常之道，未尝悖也，而又济之以勇。弟不解西文，积十九年之笔述，成译著一百三十三种，都一千二百万言，实未见中有违忤五常之语，何时贤乃有此叛亲蔑伦之论，此其得诸西人乎？抑别有所授耶！

在所有的论争者当中，唯有林纾由晚清之改革引入当前的分歧，“人心丧敝”“无可救挽”“中国之命如属丝”等等，表现出对国家命运的关切。民国成立后，自谓“仆既不仕于前清，于新政府之民一也”的林纾，曾天真地以为，弊政已除，新制伊始，国人戮力同心，“兴实业，振军旅，广教育”，中华有望矣；然而，冷酷的现实使林纾大失所望。他在《讽喻新乐府》中揭露共和制下的政治丑剧，以为国家已陷于“浑天黑地无是非”之境，与信中表述的观念是一致的。紧接着是申述文言之不当废除的理由：

若云死文字有碍生学术，则科学不用古文，古文亦无碍科学。英之迭更，累斥希腊、腊丁、罗马之文为死物，而至今仍存者，迭更虽躬负盛名，固不能用私心以蔑古。矧吾国人，尚有何人如迭更者耶！……若尽废古书，行用土语为文字，则都下引车卖浆之徒所操之语，按之皆有文法，不类闽、广人为无文法之啁啾，据此则凡京津之稗贩，均可用为教授矣。若《水浒》《红楼》，皆白话之圣，并足为教科之书，不知《水浒》中辞吻，多采岳珂之《金陀萃篇》，《红楼》亦不止为一人手笔，作者均博极群书之人。总之，非读破万卷，不能为古文，亦并不能为白话。若化古子之言为白话，演说亦未尝不是。按《说文》：演，长流也，亦有延之、广之之义。法当以短演长，不能以古子之长，演为白话之短。且使人读古子者，须读其原书耶？抑凭讲师之一二语即算为古子？若读原书，则又不能全废古文矣。矧于古子之外，尚以《说文》讲授，《说文》之学，非俗书也，当参以古籀，证以钟鼎之文。试思用籀篆可化为白话耶？果以篆籀之文，杂之白话之中，是引汉唐之环、燕，与村妇谈心，陈商周之俎、豆，为野老聚饮，类乎不类？

"若尽废古书，行用土语为文字，则都下引车卖浆之徒所操之语，按之皆有文法，不类闽广人为无文法之啁啾，据此则凡京津之稗贩，均可用为教授矣"数语，最为当时和其后之论者所忌，以为是对劳动者的污蔑。其实，林纾说的是由口语提炼为书面语言的问题，是语言的继承和发展的问题。"非读破万卷，不能为古文，亦并不能为白话"，实为颠扑不破的至理名言。

最后，林纾又以时局之危殆提醒蔡元培："况天下溺矣，藩镇之祸，迩在眉睫，而又成为南北美之争。我公为南士所推，宜痛哭流涕助成和局，使民生有所苏息，乃以清风亮节之躬，而使议者纷纷集矢，甚为我公惜之。"林纾以为，作为"为南士所推"的国民党员，蔡元培当此"藩镇之祸迩在眉睫"的关键时刻，应站出来"助成和局，使民生有所苏息"；他没有这样做，反"使议者纷纷集矢"，助长了废除文言之风，所言是既尖锐而又中肯的。

1919年3月21日，《北京大学日刊》刊登了蔡元培的《答林君琴南函》。这位前光复会领袖、"并不取贤妻良母主义，乃欲造成虚无党一派之女子"的爱国女校总理（校长）的蔡元培，回避了林纾信中对时局严峻性的分析和对他在政治上所抱的希望，却借着大学"循'思想自由'原则，取兼容并包主义，与公所提出之'圆通广大'四字，颇不相背"，轻轻地转移了话题，将林纾所指的全国性根本性

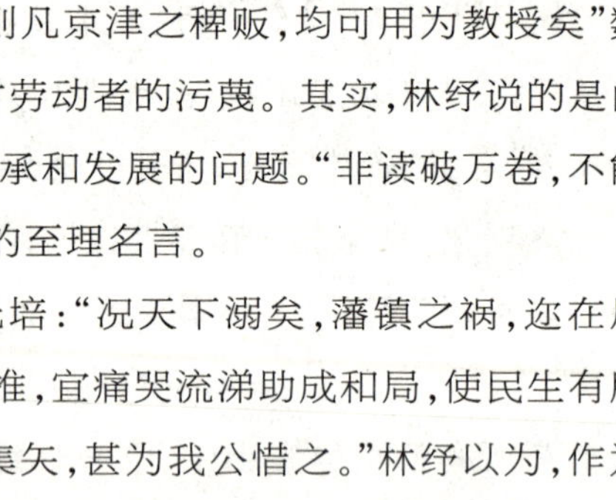

胡适（1891—1962）

钱玄同(1887—1939)

大计,偷换成北京大学的办学方针。针对林纾所言之“覆孔孟,铲伦常”,蔡元培申辩:北京大学教员,没有以“覆孔孟铲伦常”教授学生者;北京大学教授,没有于学校以外发表“覆孔孟铲伦常”之言论;北京大学之伦理学,除了反对君臣一伦外,“从未有以父子相夷、兄弟相阋、夫妇无别、朋友不信,教授学生者”;“至于五常,则伦理学中之言仁爱,言自由,言秩序,戒欺诈,而一切科学,皆为增进知识之需,宁有铲之之理欤?”针对林纾所言之“尽废古书,行用土语为文字”,蔡元培申辩:北京大学没有尽废古文而专用白话,诸多课本讲义而付印者皆文言,为白话体者惟胡适之《中国古代哲学史大纲》,而所引古书多属原文,非皆白话也;北大教员所编之讲义,虽皆文言,而上讲坛后,决不能以背诵讲义塞责,必有赖于白话之讲演;白话与文言,形式不同而已,内容一也。针对林纾所言之“《水浒》《红楼》作者,均博极群书之人,总之非读破万卷,不能为古文,亦并不能为白话”,蔡元培回答:“诚然,北京大学教员中,善作白话文者,为胡适之,钱玄同,周启孟诸君。公何以证知为非博极群书,非能作古文,而仅以白话文藏拙者?胡君家世从学,其旧作古文,虽不多见,然即其所作《中国哲学史大纲》言之,其了解古书之眼光,不让于清代乾嘉学者。钱君所作之《文字学讲义》《学术文通论》,皆古雅之古文。周君所译之《域外小说》,则文笔之古奥,非浅学者所能解。然则公何宽于《水浒》《红楼》之作者,而苛于同时之胡钱周诸君耶?”将“非读破万卷,不能为古文,亦并不能为白话”,歪曲为指摘胡适之等“非能作古文,而仅以白话文藏拙者”。

三天之后,林纾在3月24日《公言报》刊出《再答蔡鹤卿书》,中说:“比年以来,恶声盈耳,使人难忍,因于答书中孟浪进言。既赐复书,足见我公宗圣明伦之宗旨,始终未背也。此外尚有何说。弟所求者,存孔子之道统也,来书言尊孔子矣;所求者,伦常之关系也,来书言不悖伦常矣;所求者,古文之不宜屏弃也,来书言仍用古文矣。轖心遂欲,畅遂无言。……与公交好二十年,公遇难不变其操,弟亦至死必伸其说,彼叛圣逆伦者容之,即足梗治而蠹化。拼我残年,极力卫道,必使反舌无声,瘈狗不吠而后已。”从字面看,林纾所求者,如存孔子之道统、伦常之关系、古文之不宜屏弃,在蔡元培的回信中似乎都得到了肯定的认同,林纾又有什么可说的呢?

(张迪平)

大道之行天下为公

——康有为《大同书》

康有为《大同书》

康有为(1858—1927年),又名祖诒,字广厦,号长素,又号明夷、更甡、西樵山人、游存叟、天游化人,晚年别署天游化人,广东省广州府南海县人,人称“康南海”,清光绪年间进士,官授工部主事。出身于仕宦家庭,乃广东望族,世代为儒,以理学传家。近代著名政治家、思想家、社会改革家、书法家和学者,信奉孔子儒家学说,并致力于将儒家学说改造为可以适应现代社会的国教,曾担任孔教会会长。著有《春秋董氏学》《孔子改制考》《新学伪经考》《日本变政考》《大同书》《欧洲十一国游记》《广艺舟双楫》等,卒年69岁。

1888年,康有为到北京参加顺天乡试,没有考取。当年九月,他上书光绪帝,痛陈祖国的危亡,批判因循守旧,要求变法维新,提出了“变成法,通下情,慎左右”三条纲领性的主张。1891年,康有为回到广东,开办万木草堂学馆,聚徒讲学,并为变法运动创造理论。先后写了《新学伪经考》和《孔子改制考》两部著作,这两部书都是在尊孔名义下写成的。前一部书把封建主义者历来认为神圣

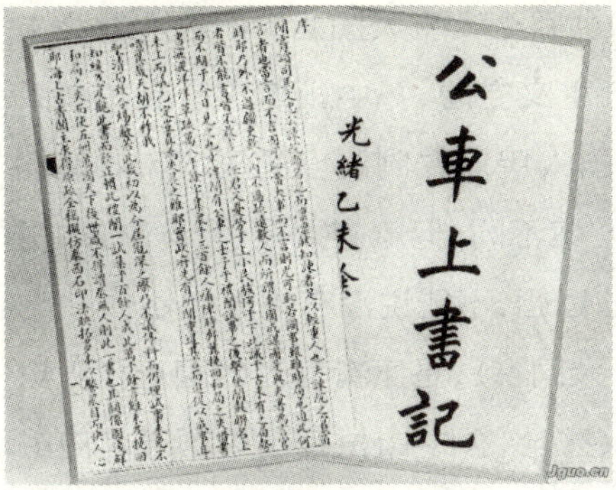

康有为《公车上书记》

不可侵犯的某些经典宣布为伪造的文献；后一部书把本来偏于保守的孔子打扮成满怀进取精神，提倡民主思想、平等观念的人。康有为的这些看法，虽都不科学，但他的改革精神却在知识界产生了强烈的震动和反响，而对封建顽固守旧分子构成了很大的威胁，因而这两部书被他们视为异端邪说。1894年，康有为开始编《人类公理》一书。这本书经多次修补，后来定名为《大同书》发表。《大同书》描绘了人世间的种种苦难，提出大同社会将是无私产、无阶级、人人相亲、人人平等的人间乐园。

茅海建《戊戌变法史事考初集》

在从容不迫地为戊戌变法奠定了理论基础之后，1895—1898年，康有为积极地进行了变法实践。1895年4月，正在北京参加会试的各省举人，听说清政府要与日本订立丧权辱国的《马关条约》，极为愤慨。康有为连夜起草了一份一万八千多字的上皇帝书。各省举人一千三百多人集会，通过了这个万言书。5月2日，这份万言书送交都察院。这就是有名的“公车上书”。在上书中，康有为从爱国的立场出发，强烈主张“拒和、迁都、变法”，建议皇帝“下诏鼓天下之气，迁都定天下之本，练兵强天下之势，变法成天下之治”。在这次会试中，康有为中了进士，被任命为工部主事。以后，康有为又连续给皇帝上了几次书。光绪皇帝对康有为提出的问题，很受感动。在这些上书中，康有为系统地阐述了自己的变法思想，从政治、经济、文化教育等几个方面系统地提出了自己的见解。政治方面，康有为提出了变君主专制为君主立宪的要求。他指出：“东西国之强，皆以立宪法，开国会之故。国会者，君与国民共议一国之政法也。”经济方面，康有为提出了发展工业、振兴商业、保护民族资产阶级利益的主张。文化教育方面，康有为提出了“开民智”“兴学校”“废八股”的主张。这几个方面构成了康有为变法维新的基本纲领。

康有为的理想和政治主张主要在他撰写的《大同书》中得到体现。在中国近代史上出现过三次空想社会主义思潮，即洪秀全太平天国运动的农业社会主义空想，康有为资产阶级维新派的大同社会主义空想，孙中山资产阶级革命派的民生主义空想。这三种空想都反映了中国人民对专制制度的厌恨和对幸福生活的渴望。尽管康有为和孙中山设计的方案不同，但康有为在《大同书》中提出的政治主张和孙中山倡导的“天下为公”的思想，不能说没有相通之处。

领导震惊中外的戊戌维新运动和撰写《大同书》，是康有为对中国近代历史和中国文化思想宝库最重要的贡献，他与洪秀全、孙中山拉开了中国近代史的大幕。贯通中西思想的《大同书》，酝思较早，而正式成书较晚。康氏自称早在1884年就开始“演大同主义”，1885年就“手定大同之制，名曰《人类公理》”。1898年秋，康有为在日本时，已有稿本20余篇，1902年避居印度时，最后成书。《大同书》初名为《人类公理》，它是康氏的主要代表作之一。当时除梁启超等少数门徒看到过外，很少人有机会目睹这部杰作。直到1913年才第一次把它的甲部和乙部发表在《不忍》杂志上。1919年由上海长兴书局将甲乙两部合刊印成单行本，书名为《大同书》。一直到1927年康有为死后的第八年，才由他的弟子钱定安将全书交给中华书局出版。1956年，古籍出版社重印《大同书》。康有为为什么要写《大同书》呢？他本人是这样说的：“吾为天游，想象诸极乐之世界，想象诸极苦之世界，乐者吾乐之，苦者吾救亡，吾为诸天之物，吾宁舍世界天界绝类逃伦而独乐哉！”（《大同书》见古籍出版社1956年版，第四页）可见，康氏的目的是为了救苦救难、救国救民。

戊戌变法失败后，血的教训使康有为看到国家民族的苦难更加深重，他流亡日本，游历欧、美等地，寻找医国治民的良药。西方资本主义进化论学说和空想社会主义的思想对他产生了影响。但是康氏《大同书》的思想仍基于儒学的“不忍人之心”的博爱观，“思有以拯救之”。他依据《春秋》公羊三世说和《礼运》中的“小康”“大同”说，运用今文经学的交易哲学，表述了人类历史的三个阶段，即由“据乱”进为“升平（小康）”，由“升平”进为“太平（大同）”，那时人们都成为快活无比的“神圣”。而这种大同极乐世界，正如《礼记·礼远》篇所说的：“大道之行也，天下为公，选贤与能，讲信修睦。故人不独亲其亲，不独子其子，使老有所终，壮有所用，幼有所长，矜寡孤独废疾皆有所养，男有分，女有归。货恶其弃于地也，不必藏于己；力恶其不出于身也，不必为己。是故谋闭而不兴，盗窃乱贼不作。故外户不闭，是为大同。”康氏在《大同书》中追寻的理想社会，就是这样既有中国社会理想特色，又有西方空想社会主义色彩的世界。

《大同书》全书共30卷，约20万字，分为10部，甲部《入世界观众苦》，乙部《去国界合大地》，丙部《去级界平民族》，丁部《去种界同人类》，戊部《去形界保独立》，己部《去家界为天民》，庚部《去产界公生业》，辛部《去乱界治太平》，壬部《去类界爱众生》，癸部《去苦界至极乐》。康氏以民主主义的平等精神和某些社会主义的空想，用他的彩笔，勾画出一幅人类未来社会的美景——大同世界的蓝图，它具有进步意义和深远的影响。梁启超在《清代学术概论》一书中将《大同书》的内容曾概括为如下几个方面：

1.无国家，全世界置一总政府，分若干区域。

2.总政府及区政府皆由民选。

3.无家族，男女同栖不得逾一年，届期须易人。

4.妇女有身者入胎教院，儿童出胎者入育婴院。

5.儿童按年入蒙养院及各级学校。

6.成年后由政府指派分任农工等生产事业。

7.病则入养病院，老则入养老院。

8.胎教、育婴、蒙养、养病、养老诸院，为各区最高之设备，入者得最高之享乐。

9.成年男女，例须以若干年服役于此诸院，若今世之兵役然。

10.设公共宿舍、公共食堂，有等差，各以其劳作所入自由享用。

11.警惰为最严之刑罚。

12.学术上有新发明者及在胎教等五院有特别劳绩者，得殊奖。

13.死则火葬，火葬场比邻为肥料工厂。

尽管《大同书》问世以来，学术界对其评价毁誉不一，智者见智，仁者见仁。但有几点是应该加以重视的。其一，他激烈反对“独尊”，诅咒专制皇帝为“民贱屠伯”。康氏指出，在太平之世，人人平等，没有什么臣妾奴隶，也没有什么君主统领，更没有什么教主教皇，人人和睦相处，过着平等而富裕的美好生活，差别虽有，可是并不悬殊。其二，重视发展生产。康氏在《大同书》中描述了一个具有较高物质文明和精神文明的社会。它主张废除私有制，建立财产公有制，然后全部实行机械化、自动化和电气化，生产力高度发展。其三，特别重视教育。在康氏看来，大力发展

茅海建《康有为〈我史〉鉴注》

学校教育是大同世界进步的巨大推动力。他说："太平世以开人智为主，最重学校。自慈幼院之教至小学、中学、大学，人人皆自幼而学，人人皆学至二十岁，人人皆无家累，人人皆无恶习，图书器物既备，语言文字同一，日力既省，养生又备，道德一而教化同，其学人之进化过今不止千万倍矣。"(《大同书》)其四，男女平等，婚姻自主。在《大同书》中所谓"专家界"，就是实行男女平等、婚姻自主，打破封建家族宗法关系和纲常名教的束缚，实现资产阶级的人权、自由、平等、独立和个性解放。其五，康氏主张废除国家，走向"去国界合大地"的盛世。他向往桃花源之世界："大同无邦国故无有军法之重律，无君主则无有犯上作乱之悖事，无夫妇则无有色欲之争、奸淫之防……无宗亲兄弟则无有望养、责善、争分之狱，无爵位则无有恃威、估力……佞谄之事，无私产则无有田宅、工商、产业之讼……"(《大同书》)其六，在《大同书》中康氏把"人"摆在"天理"之上，充分肯定了人的价值。在中国封建社会末期，哲学上有所谓"理""欲"之争，其实质是人本主义和禁欲主义的争论。康氏在《大同书》中揭露了封建道德的虚伪性和残忍性，继承和发展了孔子"泛爱众"思想和佛家"慈悲"观念，举起了朴素的人本主义的旗帜。儒家"仁"的思想渗透在《大同书》的全部内容之中，康氏把"仁"与"人"糅合为一体，指出"人之所以为人者，仁也""舍仁不得为人"。康氏的仁道主义是从反程朱理学的角度提出命题的，在《大同书》中他把"人"摆在"天理"之上，充分肯定了人的价值，这是十分可贵的。尽管康有为在《大同书》中，提出了许多独到的精辟的见解，在中国近代思想史上放出异彩，但由于当时社会条件及康氏在政治实践上坚持改良的限制，使他这一独特的见解只能成为一种乌托邦的空想。

康有为1970年摄于美国

康有为故居

《大同书》充分展示了康有为的社会理想，他为此非常自豪，曾说："吾既闻道，既定‘大同’，可以死矣！”然而，作为戊戌变法运动的领导者，尤其这本书中涉及到君主制改革问题，触及当权派。所以，变法失败后，《大同书》不可避免地被查禁了。

《大同书》系康有为主要著作之一，今据1985年江苏古籍出版社影印本整理，与1935年上海中华书局本互校，参以《不忍》杂志本，堪称至今最为丰赡的版本。《大同书》融会儒家的大同说与基督教的“平等”观，吸纳达尔文的进化论与傅立叶等人的空想社会主义，提出了建设一个无私产、无阶级、人人相亲、人人平等的大同世界的理想，对于未来社会的展望和构想，颇具想象力。其立意高远、文辞丰赡，不少新奇可喜的主张颇具思想深度，如妇女解放、奴隶解放、取消国界、取消阶级、政府议会化，堪称近代中国思想史上的划时代名著。

青岛康有为故居纪念馆的提文凤女士告诉记者，“康有为是19世纪末中国‘睁眼看世界’的代表人物之一，也是近代中国行世界之路最长的思想者。1898年至1913年的16年间，他四渡太平洋，九涉大西洋，八经印度洋，泛舟北冰洋七日，先后游历美、英、法、意、加拿大、希腊、埃及、巴西、墨西哥、日本、新加坡、印度等30多个国家和地区。”“他对这些国家的历史地理、文化政治、经济风俗进行考察之余，还展开了跨文化对话，创见颇多，缘此而形成的文化史观博大精深，对今天仍然有着多方面、多层次的认知价值。”提文凤说：“尤其难能可贵的是，康有为是有史可考进入北极的中国第一人。”1908年，康有为与北极光有过一次梦幻般的邂逅。他在诗中描述了自己遭遇的奇景：“夜半十一时，泊舟登山，十二时至顶，如日正午。顶有亭，饮三边酒，视日稍低如暮，旋即上升，实不夜也，光景奇绝。”如非亲眼看见，一个封闭国度之人难以如此生动地描述“午夜时分，却日如正午”的极光美景。

1904年，康有为还在瑞典买下了一个小岛，并在岛上搭建了中国式的园林建筑“北海草堂”。据广东省社科院的赵立人研究员考证，康有为花了2.8万克朗买下，又花了7999克朗进行修缮。“房屋虽非广大，但约可供十人居住，而且家具及装饰极其豪华，似乎颇为富裕。”时至今日，当年草堂遗迹已荡然无存，这个小岛也早已被瑞典人收回。但当地的华侨仍习惯性地称这个小岛为“康有为岛”。

（张迪平）

南海北海　心同理同

——严复《天演论·自序》

严复(译)《天演论》

1894年,甲午海战,中国惨败于以“蕞尔小帮”视之的日本。自鸦片战争以来,已左支右绌,风雨飘摇的大清,终于丧失了最后一丝残存的自信。世界的格局在变,游戏规则也在变,中国终于意识到眼前的“三千年未有之大变局”实在无可逃避,除奋起直追,知西洋、知东洋,并进而师人之长,别无摆脱民族耻辱之途径。1895年,严复着手翻译英国博物学家赫胥黎的《进化论与伦理学》。1898年译成,书名《天演论》。同年,分别由湖北沔阳卢氏慎始基斋木刻和天津嗜奇精舍石印,随即风行天下。书中所言及“物竞天择、适者生存”广为人知,对于晚晴民国之际的政治、学术、教育乃至日常生活影响深远,称得上最具声誉的晚清西洋译著。严复此文,即为此书所作之序:

英国名学家穆勒约翰有言:“欲考一国之文字语言而能见其理极,非谙晓数国之言语文字者不能也。”斯言也,吾始疑之,乃今深喻笃信,而叹其说之无以易也。岂徒言语文字之散者而已,即至大义微言,古之人殚毕生之精力,以从事于一学,当其有得,藏之一心则为理,动之口舌、著之简策则为词。固皆有其所以得此理之由,亦有其所以载焉以传之故。呜呼,岂偶然哉!自后人读古人之书,而未尝为古人之学,则于古人所得以为理者,已有切肤精忾之异矣。又况历时久远,简牍沿讹。声音代变,则通假难明;风俗殊尚,则事意参差。夫如是,则虽有故训疏义之勤，而于古人诏示来学之旨，愈益晦矣。故曰，读古书难。虽然，彼所以托焉而传之理，固自若也。使其理诚精，其事诚信，则年代国俗无以隔之。是故不传于兹，或见于彼，事不谋而各有合。考道之士，以其所得于彼者，反以证诸吾古人之所传，乃澄湛精莹，如寐初觉。其亲切有味，较之觇毕为学者万万有加焉。此真治异国语言文字者之至乐也。

京师大学堂牌匾

福州马尾船政遗址

严复（1853—1921年），福建侯官（今福州）人，父祖先后由文转医书，以悬壶之术为济世齐家之业。严复少年时，父祖曾期能以科举光大门楣，延名师教之，为严复奠定了深厚的国学基础。后家庭遭遇变故，严复放弃科举，入福州船政学堂，1876年，留学英国。随后的数十年间，中国变故连连，老大帝国已有亡国亡种的危机。严复和同时代的很多知识人，深感家国之痛，并由此走上救亡图存之路。严复翻译赫胥黎《进化论与伦理学》并非对照原书直译，而是选译了赫胥黎书的导言和第一部分，并改名《天演论》。《天演论》导论分为18篇、正文分为17篇，分别冠以篇名，并对其中28篇加了按语。相较原书，严复此书内容上有增减，有改造，且常借题发挥。严复以“唯我所需”的态度，选择、提炼赫胥黎的观点，宣扬“适者生存”的绝对性和“与天争胜”的必要性，以此强调无论草木虫鱼抑或人类；无论国家民族抑或个人，均“进者存而传焉，不进者病而亡焉”，唯有自强、进取，方能生存、发展，倘若不能明了时势而无所作为，必将被淘汰出局。民族的自决自救、奋发图强，是《天演论》所演绎的主旋律。但严复并没有完全认同对原著者的观点，严复不接受赫氏将自然界与人类社会分为两截的观点，也不同意将自然界的生存原则直接转化于人类社会的强权逻辑。故而，在严复的相关言论中，总能发现其对于中国文明的自信与珍视。此序以穆勒约翰的言论为发端，意在说明，不同文明之间内在的相通性。既然东海、西海有相通之处，则中国文明与西洋文明亦自然无判然高下之分，面对世纪变局的国人，须师他人之长，但不必于自家之文化全无信心。严复的态度，与曾国藩、俞樾一系所持“花落春仍在”之念，可大体相合。

张志伟《西方哲学十五讲》

今夫六艺之于中国也，所谓日月经天，江河行地者尔。而仲尼之于六艺也，《易》《春秋》最严。司马迁曰：“《易》本隐而之显，《春秋》推见至隐。”此天下至精之言也。始吾以谓本隐之显者，观象系辞以定吉凶而已，推见至隐者，诛意褒贬而已。及观西人名学，则见其于格物致知之事，有内籀之术焉，有外籀之术焉。内籀云者，察其曲而知其全者也，执其微以会其通者也。外籀云者，据公理以断众事者也，设定数以逆未然者也。

乃推卷起曰：有是哉，是固吾《易》《春秋》之学也！迁所谓本隐之显者，外籀也；所谓推见至隐者，内籀也。其言若诏之矣。二者即物穷理之最要涂术也。而后人不知广而用之者，未尝事其事，则亦未尝咨其术而已矣。

西人有内籀、外籀之术。所谓内籀者，由微求通，即由具体之现象推究一般之道理、规律之意，归纳法似之；外籀者，由数判事，即由一般研究具体之现象，分析法似之。中国本有六艺之学，为传统学术中的经典之学，然严复初以为“本隐而之显”类占卜之学，“推见至隐”者为发皇心曲之学，本无关于格物致知。然因西学的参照与刺激，严复遂由此推知，中国学术传统中本有归纳、分析的方法。严复的此段论述，在当日自然有增强民族信心之效，但如此比附，多少错失了对中国自身问题的发现与分析。这样的观点，很容易在当时寻求出路而又对中国传统有深切之爱的学者或官员那里找到对应。但如此的表述，今日看来，委实存在学理不强的弊病。

近二百年，欧洲学术之盛，远迈古初。其所得以为名理、公例者，在在见极，不可复摇。顾吾古人之所得，往往先之，此非傅会扬己之言也。吾将试举其灼然不诬者，以质天下。夫西学之最为切实而执其例可以御蕃变者，名、数、质、力四者之学是已。而吾《易》则名、数以为经，质、力以为纬，而合而名之曰《易》。大宇之内，质力相推，非质无以见力，非力无以呈质。凡力皆乾也，凡质皆坤也。奈端动之例三，其一曰：“静者不自动，动者不自止；动路必直，速率必均。”此所谓旷古之虑。自其例出而后天学明，人事利者也。而《易》则曰：“乾，其静也专，其动也直。”后二百年，有斯宾塞尔者，以天演自然言化，著书造论，贯天地人而一理之，此亦晚近之绝作也。其为天演界说曰：“翕以合质，辟以出力，始简易而终杂糅。”而《易》则曰：“坤，其静也翕，其动也辟。”至于全力不增减之说，则有自强不息为之先，凡动必复之说，则有消息之义居其始。而“易不可见，乾坤或几乎息”之旨，尤为“热力平均，天地乃毁”之言相发明也。此岂可悉谓之偶合也耶！虽然，由斯之说，必谓彼之所明，皆吾中土所前者，甚者可谓其学皆得于东来，则又不关事实，适用自蔽之说也。夫古人发其端，而后人莫能竟其绪；古人拟其大，而后人未能议其精，则犹之不学无术未化之民而已。祖父虽圣，何救子孙之童昏也哉！

李鸿章(1823—1901)

郭世佑《晚清政治革命新论》

严复以“名、数、质、力”概况近两百年来的西洋之学，足以见出严复对于西学的了解，远非泛泛之徒可比。西洋的强盛，其根本原因在于西学的发展，严复深知此道，但对于中国传统的深切爱恋之情，却总是让严复不断尝试在自家的传统中发现与西学的暗通之处。但中国传统学术的特点与重逻辑、重分析、善究虚理的西洋现代学术，本存有难以弥合的巨大差异。严复对于传统的温情，多多少少影响了对于自家学术已不足以适应中国社会现代转型这一历史现实的判断。但严复对于“古人发其端而后人不能竟其绪”的感叹，既表明了对于历史使命的承担，也表明了对于知识分子不能回应时代危机的深深失望，中国传统辉煌而今日饱受欺凌，实为后来者不能承继先生之业所致。

> 大抵古书难读，中国为尤。二千年来，士徇利禄，守阙残，无独辟之虑。是以生今日者，乃转于西学，得识古字用焉。此可与知者道，难与不知者言也。风气渐通，士知弁陋为耻。西学之事，问涂日多，然亦有一二臣子，訑然谓彼之所精，不外象形下之末；彼之所务，不越功利之间。逞臆为谈，不咨其实，讨论国闻、审敌自镜之道，又断断乎不如是也。赫胥黎氏此书之旨，本以救斯宾塞任天为治之末流，其中所论，与吾古人有甚合者。且于自强保种之事，反复三致意焉。夏日如年，聊为迻译。有以多符空言无裨实政相稽者，则固不佞所不恤也。
>
> 光绪丙申重九严复序。

时代在发生巨变，东方与西方的相遇已无法拒绝，国人唯有知己知彼，方能有挽救国家危亡的可能，但中国的知识分子深于传统之学者，多以之为谋求做官之道，故鲜有知晓“学问关天下兴亡”之精义的人物，而近世转向西学者，或对于自家的学术传统存在隔膜，或对于西学仅知皮毛，以西方不过为器物之学、功利之学而好阔论高谈，东学、西学均立足不稳。严复此论，颇可针砭当时学界的主流风气。其谆谆告诫所流露的，是那一时代对于国家民族的未来有深深忧虑、深深关切的知识分子内心念兹在兹的家国情怀。《天演论》问世至今日已过百年，重读此序，最动人之处是严复对于中国的爱以及对于知识界的啼血呼吁。其所针砭之弊、所追求之理念，今日视之，犹不减凛凛生气。

（刘　顺）